JN290707

新版

叡智の断片

谷口雅春

Masaharu Taniguchi

日本教文社

はしがき

『叡智の断片』のうち其《そ》の前篇は、私の心の中に時々ひらめいて来たところの神来《しんらい》的な思想の断片である。斯《こ》うして集めて見ると、あらゆる人生問題に触れているし、私の他の著書に見るような体験談の集まりではなく、人生如何《いか》に生くべきかの指導原理と言うべきものが網羅されている。多くの人たちは此《こ》の原理に従って生活を実践すれば、必ず幸福になれるに違いないと思われる。その大多数は、是非《ぜひ》とも雑誌に巻頭言を書かねばならぬと思いながら、書くことが出来ないで、神に全託《ぜんたく》して其の晩眠ってしまった翌朝目が覚めた刹那《せつな》に、書くことがフト思い浮かんで来たものである。

目覚めた刹那に第一念として潜在意識の底から浮かび上がって来た思い着きには、現在意識が刻苦精励して得たものよりも、遥かに良いものがありがちである。それは潜在意識の底深く穿《うが》って行けば、宇宙意識につながっているからである。

本書の後篇は、「入龍宮不可思議境界録《にゅうりゅうぐうふかしぎきょうがいろく》」のほかは、日曜日の道場の宗教講演に話していたものを、清超氏が私の話の中から格言にでもなりそうな語句を選んで速記してくれたものに、再び私が加筆したのである。だから多少私自身の筆致と異なる味があるが、内容は私を通して出たものである。誰でも他の人の幸福のために講演したり、他の人の悩みを解決すべく解答したりしている時には、自分でも感心するような名言や警句が口をついて飛び出して来て、相談に来た相手や聴衆を魅したりすることがあり勝ちなものである。それは、その話をしている最中は愛他的感情で燃えているからその愛の念波が「一層大いなる者の叡智」に感合して、真理の言葉が口を衝《つ》いて出るのだと思われる。話しながら自分で感心していて、さて話し終わってから書かずに放って置くと忘れてしまうが、幸いに清超氏がそれを筆記してくれたので、この天来の叡智を此処《ここ》に書きとめて置くことが出来たのである。「入龍宮不可思議境界録」は地上の話に非《あら》ず、現象を超えて、実相不可思議の世界に透入《とうにゅう》せんと欲する人々のためにものせるものであって玄々《げんげん》、字間と行間とにその真意を掬《く》む覚悟をもって読まれたい。神啓の叡智なお完全には本書に表現し得なかったかも知れないけれども、或《あ》る程度までそれを表現し得て、読者の為の幸福の指針となれば幸いであると思う。

著者識

カバー装画　鯰江　光二

新版　叡智の断片

目次

前篇　真理の言葉

後篇　叡智の断片

新版凡例

一、本書の初版発行は昭和24年2月1日であり、「はしがき」は当時のものである。本書には「はしがき」執筆日の記載はないが、初版には「昭和二十三年十一月三日　文化の日」とある。

一、初版発行後、本書は谷口雅春選集（全23巻）に第23巻（昭和33年11月5日発行）として収められ、ついで新選谷口雅春選集（全20巻）に第11巻（昭和41年9月15日発行）として収められた。

一、初版から新選谷口雅春選集に至るまで、文字遣いは正漢字・歴史的仮名遣いであったが、昭和58年1月1日発行の改訂版より、常用漢字・現代仮名遣いに改められた。本書はこの改訂版を底本としている。

一、改訂版は7版を重ねた後、しばらく重版が途絶えていたが、今回、新版として発行することとした。底本には、一部の漢字に正漢字が用いられていたが、時代の推移に鑑み、より広範な読者の便に供するために、それらを常用漢字に改め、振り仮名も増やした。また、活字を大きくし、組体裁も変えたが、内容に変動はない。

一、本書には一部今日とは時代背景を異にする表現があるものの、原文尊重のためそのままとした。

株式会社　日本教文社

前篇　真理の言葉

陽気を孕む

万物すべて冬枯れて一望ただ雪の下に覆《おお》わるる時も、すでに雪の下には逞《たくま》しい萌芽《ほうが》がめぐんでいるものである。滅びたように見えているときに、滅びない生々《せいせい》の陽気を観取《かんしゅ》し、凍結した中に鬱勃《うつぼつ》の気を見出すものは実相を見るものである。霜降り、気凍《こお》り、粛殺《しゅくさつ》の気天地にみつるとき、はや一陽来復の春を孕《はら》むを知るは達人である。物旺《さか》んなる時に、衰頽《すいたい》の気既に孕むを見て敢《あえ》て傲《おご》らず、衰えたる時一見粛条《しゅくじょう》の気漲《みなぎ》れども、その奥に一転陽気を孕むものを観《み》て敢て悲観せず常に実相は円満なるを知って、現象の外に超出して、現象の中に在るが如《ごと》くにして現象に縛《ばく》せられざるは道人である。人誉《ほ》むれども敢て人の礼讃《らいさん》を喜ばず、人貶《けな》すとも敢て人の毀傷《きしょう》をもって心を動ぜず常に実相円満の風光を心裡《しんり》に眺めて清寂なる事朝顔の種子の中に既に存在する「花の理念」の如きものである。麦踏めば分蘖《ぶんけつ》して却《かえ》って栄え、唐茄子《とうなす》は移植して多くの実《み》を結ぶ。雪に覆われて梅花愈々《いよいよ》清く薫る。盤根錯節《ばんこんさくせつ》して松愈々趣《おもむき》深し。苦難ありと見ゆれども苦難苦難に非《あら》ず。或《あるい》は魚の波に戯《たわむ》るるが如く、或は禽《とり》の風に戯るるが如く人生波多くして千波万波陽光を反映して燦爛《さんらん》たり。

清寂の生活

道は絶対である。絶対には対立がない。道に乗って生きるとは絶対無我《むが》の生活になり切ることである。一切の対立がなくなることである。一切の対立がなくなるから一切に和解し、一切を敬《とうと》び、一切が清まり、一切が寂《じゃく》である。これが茶道の清寂であり、そのまま清まる日本の道である。対立する争いをもって生活するが如《ごと》きは、日本の道ではなかったのである。道は「寂」であり、動くものなくして動いており、その動くや必ず万物を生かすのである。対立のなき動きは全機であり、無にして一切であり、〇《ゼロ》であるから一切と調和するのである。それを大和《だいわ》の道と言う。構《かま》える心がないから、事を構えず、事を構えないから事が起らないのである。構えることがなければ、そのままとなり、其《そ》のままは実相であり、実相は善ばかりであるから善きことのみが現れる。「私」のはからいがないから、全体の動きとピッタリと「一」である。全機である、全即《そく》一であり、一即全である。

本当に明るいというのは、全然対立がない「無」になり、無構えになって、天地と一つにとけ合って「寂」となることによって自然に得られる明るさでなければならない。真の明るさは構えた明るさではない。そのまま天地の明るさがあらわれたとき、真に明るくなり、立ち対《むか》うところが悉《ことごと》く明るくなる。

行雲流水の心

太陽はただ照っているのである。雲は唯《ただ》たたずまい、又は流れている。山は唯そびえ、川はただ流れ、空の鳥はただ飛び、ただ謳《うた》う。それは実に「無心」の展開である。

無心を破ったところに人間の悲劇がある。智慧《ちえ》の樹の果《こみ》は人類をしてついに楽園より追放せられしめたのである。そのままいたら人間は幸福であるものを、ついに禁断の果実に手を出したが故《ゆえ》に不幸に陥ったのである。日本も唯その生活を静かなる東海のそして瀬戸内海の楽園のような風光の中に睦《むつ》び合い、そのままを楽しんでいたならば、敗戦の憂目《うきめ》もなく、四つの島に跼蹐《きょくせき》する事もなく、まことに楽園生活をいとなんでいることが出来たのであった。然《しか》るに、人類はそのままを破ったのである。知識の樹の果を採り入れ、爪牙《そうが》をつくることを学び、ついにその爪牙の力で、そのままの平和の生活を破ったのである。爪牙はそれ自身一つの闘争への誘惑である。角《つの》をもっている者は互いに衝《つ》き合い、牙《きば》を持っているものは互いに咬《か》み合う。角もなく、牙もなき動物は平和にただ草を食《は》んでただ生きる。

どうでも好い事を捨てること。どうでも好い小さい問題に心を引っかからせぬこと。家庭が面白くなくなる原因は、あまりに小さな問題にコセコセ引っかかることである。

茶碗が一寸《ちょっと》かけたからとか、机が一寸きずがついたとか、布巾《ふきん》に一寸しみがついたとか何でもない些末《さまつ》なことに心が引っかかるためにどんなに人生が面白くなくなり、終日イライラした生活を送っている人が随分あるものである。その癖それらの人たちは、自分の心に、そのためにどれ程傷がつくか、しみがつくか、汚れが出来るかということには、気がつかないのである。

人間が民主主義になるためには人間は「物」よりも「心」であるということを知り、「物」を心で支配し得るようにならなければならない、瑣事《さじ》に引っかかる者は、「心」が「物」の奴隷になっているためである。

食事のときに、その調味や硬軟について始終小言を言っている人があるが、これも家庭を不快にする愚かなる所行《しょぎょう》である。聖書の中に「口に入《い》るもの汝《なんじ》を汚《けが》さず、口より出《い》ずるもの汝を汚す」と書かれているのであって、どんな食物でも喜んで感謝して食べれば栄養になるものを、小言を言い言い、不快な気持ちで食べるために折角《せっかく》の栄養が半分も吸収されない場合があるのである。

ここでも「放つ」ということが家庭の幸福の必須条件だと言わなければならないのである。気にかけないこと。物質の世界は影に過ぎないということを知って心さえ傷つけねばどんなに物質は傷ついたり、よごれたりしても、屹度《きっと》新しくもっと好いものが出来て来ること――こういうことを知ったら人生は屹度幸福になれるのである。

物質は傷ついても影であるからまた新しく顕《あら》われて来るから、気にかけるなと言っても、それは物質を、粗末にせよという意味ではない。物質は心の影であるから、扱う人の心の傷ついたとき、不思議に傷つくものであり、扱う人の心が汚れたとき不思議によごれるものである。心が顚倒《てんとう》すればインキ壺がひっくり返り、何か不平でこぼしているときに、万年筆からインキがこぼれて洋服をよごしたりするものである。だから物質を汚したり、傷つけたりすることは名誉ではない。よく反省して心が顚倒しないように、心に角《かど》が立たないように心に傷のつかないように努力すべきである。いつまでも壊れた物質のために心を傷つけていると益々物がこわれてくるものである。

煩悩そのままに悟りなり

「我《わ》れ常に此処《ここ》にありて滅せず」これ釈迦《しゃか》の悟りなり。「我れはアブラハムの生れぬ前《さき》よりあるものなり」これキリストの悟りなり。而《しか》して、その釈迦、そのキリスト我が内にあって滅せず、これ、我が悟りである。あり得ない無上価値の発見であるから、「有り難い」と言うのである。価値の顚倒である。歓喜踊躍《かんぎようやく》する他《ほか》なきなり。手の舞い足の踏むところを知らざる法悦境こそ、此《こ》の悟りに伴うものなり。これを形容して大地が六種に震動すと言う。肉眼にて見れば、依然として物質の世界のように見えてあれども、それがそのままに天国浄土に変貌《へんぼう》するなり。今まで仲の悪い家族、憎みあっておった家族は忽《たちま》ち眼前より消滅し、三十二相を備えたる仏菩薩《ぶつぼさつ》充満し、天華《てんげ》さんさんと降る如《ごと》き世界に変貌するなり。これを称して、「生れ更《かわ》る」と言うなり。「人はや老いぬればいかで母の胎《たい》に入りて生れ更ることを得んや」とニコデモは言う。ニコデモは唯物論者なり。唯物論者には復活も生れ更りもないのである。

すべて我々の見ている世界は、自分の心の見る世界なり、唯物論者の心にはそれだけの世界しか見えざるなり。紅緑色盲には紅緑の色彩は見えぬなり。自分が仏になって見れば見られる世界が悉《ことごと》く仏の世界に変貌すれども、仏にならぬ人には此の世界は穢土《えど》である。自分が仏になれば、恋すれどもそれが其《そ》の儘《まま》、天国浄土の姿なり。自分が仏にならねば恋はただ煩悩《ぼんのう》なり、肉慾《よく》の化身なり。赤い眼鏡《めがね》を掛けて見れば赤く見えるべし。青い眼鏡を掛けて見れば青く見えるべし。その人々《にんにん》の力量なり。人を審《さ》判《ば》くべからず、みずから仏になるときこの世界は真清浄《しんしょうじょう》、無垢《むく》の天国浄土なり。煩悩と見ゆるもの其の儘に菩提《さとり》なり。住む世界悉く美しく厳飾《ごんじき》せられたる仏の浄土なり。この事わが戯曲『釈迦と維摩詰《ゆいまきつ》』（『生命の實相』第三十二巻宗教戯曲篇下収録、日本教文社発行）に描き置きたり。先ず自分自身が生れ変ることが必要なり。「七度《たび》を七十倍度《た》び赦《ゆる》せ」とイエスは教えたり。されど赦す罪もなしと知ることこそ最後究極のさとりなり。

哲学ある宗教

人間は本来完全である。少なくとも潜在的には完全の内性がある。それ故にこそ善を求め完全さを求めるのである。人間が何らかの形に於《お》いてすらも善を、完全さを知らないものであるならば、善を求め、完全さを追及する意欲又は衝動が起る筈《はず》がないのである。併《しか》しながら又、それを求めるのは、今なおそれが実現していないからでもある。善を求め、完全さを求める意欲が、既に充足しているならば、もうそれを求める必要はない。そこで人間が善を求め、完全さを求めるのは、人間が本来善であり、完全であること、しかもその善は、完全さは、現実に於いてはまだ完全には実現していないからこそ求めるのである。

人間は善であり完全でありながら、まだ善でなく完全でない——この二つの矛盾の解決になるものが宗教だと言うことが出来るのである。

低い宗教に於ける御利益《りやく》信心さえも、それである。人間は善であり完全である。欠乏や病気は善でなく完全でない。そこでその本来の完全さたる豊富と健康とを求めんとする。しかし自己みずからではその豊富さと健康とを実現することが出来ない。そこに本来の豊富と健康とを取り戻す為の仲介者として宗教上の神又は仏を立てる。それが宗教の本尊であり、その本尊が吾らの本来の豊富さや健康さを蔽《おお》い隠していた「包《ツツ》ミ」（罪）を我らの身代りになって取り除いて下さるとして礼拝するのである。

浄土教などもその例に漏れないのである。浄土に生れたいという念願は、実相に於いては我らが既に浄土にいるからこそ、しかも現象に於いて浄土が実現していないからこそ、斯《か》くて浄土に生れたいという念願が起るのである。

既に浄土におりながら、浄土を体験することが出来ない。既に完全でありながら完全を体験することが出来ない。既に善でありながら善を体験することが出来ない。それは何故であろうか。実相と現象との中間にあってその実相の現象界への表現を阻《はば》むところのものは何であるか。それを或る宗教では「迷い」と言い、ある宗教では「罪」

と言い、或る宗教では「汚れ」と言い、ある宗教では「ホコリ」と言い、或る宗教では「業《ごう》」と言い、ある宗教では「因縁」と言う。そしてその「無明《まよい》」を、「罪」を、「汚れ」を、「ホコリ」を、「業」を、「因縁」を除去する方法に色々の形式があるのである。

そして其の形式に従って色々の宗門、宗派があるのである。

自力門《じりきもん》又は聖道門《しょうどうもん》に於いては、罪を浄化するための代贖者《だいしょくしゃ》を立てないで、みずから「迷い」を去り、本来完全なる実相又は実性《じっしょう》を徹見《てっけん》しようとするのである。密教の色々の修行や仏教の坐禅観法などはそれに属する。しかし迷っている自分がその迷っている自分で、その迷いを取り去ろうとするところに幾分無理の点がある。しかしこうした自力門の、修行者には自《みずか》ら正しくなり、みずから浄めんとする真剣な努力が伴うものであって、唯《ただ》、神又は仏の代贖的修行（キリストの十字架等）に滅罪の責任を負わせて置いて、自分は易々《いい》加減に悪をも恐れず生活するというような狡《ず》るさが伴わないのが普通である。

自分以外のものが罪を贖《あがな》ってくれるから、自分はどんな悪をも犯しても好いというような狡るい生活は真の宗教生活ではないのである。と言って、自分の力のみで、迷いを摧破《さいは》出来るならばそれは既に宗教ではないのであって、それは哲学であると言った方が好い。生長の家が多くの人たちに谷口哲学と呼ばれている所以《ゆえん》である。生長の家は哲学であるか。宗教であるか。哲学のない宗教は低級な宗教であり、宗教のない哲学は実践力がない。生長の家は哲学であると同時に宗教なのであって、哲学を生活化する。その指導者として、神への仲介者として黙示録に示現《じげん》せる「七つの灯台の点灯者」が立っていい給う。それは久遠《くおん》の「救済原理《キリスト》」の人格的表現であり、多くの信者たちに白髪の老翁の姿を以《も》って示現し給うたのである。

春の息吹を聴く

朝起きて見ると春が来たという感じがする、それは三月下旬の或《あ》る日のことである。もう何処《どこ》となく、春の新緑の気が、色とはハッキリ言えないが庭の梢々《こずえこずえ》に漂うているのである。何の気もなく見れば何でもないことだけれども、音もなく、春の気が動いているということは何という素晴らしいことであろう。

　激しい音を立てて迷いは崩れるであろう。激しい音を立てると如何《いか》にも強いように見えるが、迷いはどんなに強く、荒々しく見えようとも暫《しばら》くの間のものである。それは消え、止み、滅びるより仕方がないものである。高く上がったものは低く落ち、権威あるらしく振舞ったものはやがて汚辱《おじょく》の中に呻吟《しんぎん》するであろう。

　高慢な現象のたかぶりに便乗して、自分も一緒に高く上がって行くものは危い。それは過去も現在も通じて同じことである。そういう激しきもの高ぶるものよりも、静かに眼に見えぬところに、眼に見えても何らの野心なく、黙々と動いているものが真に強いのである。太陽は黙々として唯《ただ》照っている。夜の露は黙々と降り、黙々として消え、そのうちに黙々と春がめぐり来《きた》り、万象が生命に輝き出す。黙々の力、「静《せい》」の力、「寂《じゃく》」の力、それこそが真に神の力であり、神に近き力である。いつのまにか天地全体を春にするような力は、人工の激しく荒れ狂うの力では得られない。激しい力は、獰猛《どうもう》に、勇敢に、目立って勇ましいか知れないが、それは破壊する力であって建設することは出来ない。台風も、暴風も、地震も、しずかに忍び寄る春の力には敵《かな》わない。春がこの世に蘇生《よみがえ》って来たのに、人々は争っていて春の悦びを感ずることは出来ない。それは悲しいことであるけれども吾等《われら》の周囲の現実である。愛こそ、春とともに日本の国に蘇生《よみがえ》れ。やさしい心のうちにこそ一切の生かす力、生み出す力、癒やす力が秘められているのである。

日本は今、もっとも神に癒やされなければならぬ時ではないか。静けさのなかに、平和の中に、優しさの中に、温かさのなかに、愛の中にこそ神の春が訪れるのではないか。

人々よ、互いに相愛せよ。悲しみは無いのである。憎みは無いのである。天地は今、春である。永遠の実相の春が、静かに静かに音もなく世界の底から湧き上がって来つつある。それは歓喜の声である。声なき声である。いのち、いのちの声である。迷いの日本は激しい音を立てて倒れた。本当の静かなる日本が、平和の日本が、今春とともに蘇生って来つつある。みんなを春の心にする平和の心こそ日本の心ではないか。「白鳩」は平和のシンボルである。私はすべての人々に平和の心、春の心、光の心を伝えるための、伝書鳩でありたいと願っている。

時節ということ

「時が解決する」という言葉がある。時節というのは、神の心の世界に描かれたところの秩序であり、順序である。事物の発展して行く順序というものは砕くことは出来ないものである。種子を蒔《ま》いて一遍に花を咲かせようと思っても順序を経ねば花は咲かないのである。今年、種子を蒔かねば、その発生伸展の順序はその植物の一周期おくれる。それと同じように人間の運命も、蒔くべき時に誤って「善行」が蒔かれなかったら、その人の一周期だけその人の運命の伸展がおくれるのである。吾々《われわれ》の運命の伸展も、吾々が「善行」を蒔かなかったら、一周期おくれることになる。しかし、今年花を咲かない朝顔も、来年蒔き直せば朝顔の花は咲くのである。咲くと咲かぬとに拘《かかわ》らず花の理念は永遠不滅であり、咲くときにはその順序をもって展開するのである。「人間神の子」の理念も善行の種子を蒔かないでおればその展開がおくれるであろう。併《しか》し今、咲かないからとて朝顔の花の理念の不滅と、その開くときに伸展する順序とを疑ってはならぬと同じように、人間神の子の理念も、これから吾《われ》らが善行の種子を蒔くようにすれば必ず、その展開は人類の栄えとなって現れる。今のように人類互いに争い合うようでは「神の子」の理念など現れてはいないのである。時節は神の定め給うたフィルム展開の秩序であるが、それを現象界にあらわすのは、フィルムをかけることが必要である。即《すなわ》ち種を蒔くことが必要である。種蒔きがおくれれば開花がおくれるように、フィルムは銀幕の世界を超越して存在しているがそのフィルムにある人間の完全さがあらわれるのは、善行のフィルムを現実にかけることが遅ければおくれる。

生長の家は大調和を説く。大調和というのは秩序である、生長の家はまた人間の自由を説く。併し自由とはふしだらの事でもなく、摩擦の自由でもない。それは調和の自由である。秩序を守るところに自由がある。実在の世界は秩序があるから自由があるのである。時計が自由に廻転するのは秩序が完全に行なわれているからである。秩序が整うたとき時計は自由に廻転しはじめ、廻転しはじめた限り、それは必ず時の順序に従って廻転する。

真の自由

真の自由を獲るには、自己抛棄《ほうき》ということが必要である。これは自由を得んとしてもがきつつ愈々《いよいよ》深く転落して却《かえ》って極度の不自由に陥りゆく蟻地獄に陥った蟻にも見出すことが出来る。人に於《お》いても同じことである。「自由自由」と言いながら家庭の中の誰とも調和せず、実に不自由窮屈な生活を送っている人が多いのである。それは何故であるか。

自己を抛棄してしまったならば、自由を享受すべき本体なるものが無くなってしまうではないか。自己があるので、自己の自由があるのではないかと反対論をとなえる人があるであろう。

併《しか》しながら、真の自由は、十字架と復活とのみによって得られるということをキリストは教えたのである。十字架とは自己否定である。「みこころならばこの苦《にが》き杯《さかずき》を吾《わ》れより放ちたまえ。されどわが意を為《な》さんとには非《あら》ず」とイエスはゲッセマネに於いて祈っているのである。

自己の受くべき杯からのがれたい気持ちのある間は魂の内部争闘によってイエスと雖《いえど》も血の汗の出るほど苦しんだのである。彼は所謂《いわゆる》「自己」を有している限りに於いて自由でなかった。しかし、このゲッセマネの苦悩ののちイエスは敢然《かんぜん》として自己を神のみこころの中へ抛《な》げ棄てたのである。かくて、イエスには、「此《こ》の世の創《はじ》めぬ先より神と偕《とも》に有《も》ちたりし栄光」が復活し来《きた》ったのである。彼はこの時真の自由を得たのである。何故「自己」を棄てなければ真の自由が得られないのであろうか。それは「自己」と思ったところのものは、「真の自己」ではなく、業《ごう》の流転《るてん》であったからである。「自己」という仮面をかぶった、「業《ごう》」の潜在力が、「真の自己」（神性《しんせい》）を引き摺《ず》り廻し、小突き廻して、その自由を奪っていたのであったからである。だから真に自己を抛棄し、神にまで無条件帰入《きにゅう》しない限りは、真の自由は贏《か》ち得ることは出来ないのである。

先ず人は真に自由を得るには、業《ごう》を本質とする此《こ》の仮面の「自己」を克服しなければならぬ。「自己」に打ち克《か》ったとき、彼は真に自由である。彼のみが自己自身の主人公であり、真に自由自在を得た者と言うに辱《はず》かしからぬ者となり得るであろう。

愛欲を超えた愛

恋愛を超え性欲《よく》を超え食欲を超えた愛のみが真の愛であると言う事が出来るのである。一切の個人的慾望、種族的慾望を超えたもののみが愛慾でないところの愛である。愛は愛慾であったり、渇慾であったりしてはならないのである。愛慾や渇慾に縛られる者は真の自由ではない。真の自由は何物にも縛られないものでなければならないのである。本当の愛は真の自由から来る。自分が真に自由であるときに、すべての利害や渇慾や愛慾やを超えて自他一体の愛を感ずることが出来るのである。キリストがマリアやマルタやラザロを愛したのは決して利害関係や愛慾によって愛したのではなかったであろう。一切利害関係を超えてマリアはキリストの足下にひれ伏して高価な香油を注《そそ》ぎ、髪の毛をもってそれを拭《ぬぐ》ったのである。キリストもその心の反映として一切の利害関係を超えてマリア姉妹とその兄弟ラザロを愛したのである。それは性慾でも愛慾でもなかった。それは寧《むし》ろ慈悲であった。「イエス涙を流したまえり」と聖書にはある。それは愛慾でも渇慾でも性慾でもないその家族の悲しみに同悲し、その家族の哀傷《あいしょう》に慟哭《どうこく》したのである。それは深き自他一体の愛情である。相手の悲しみに同悲し、相手の哀傷に慟哭するほどに相手と一つになってこそ真に相手を愛したと言い得るのである。愛は惜しみなく相手の悲哀を自己に摂取《せっしゅ》する。自己に摂取した苦痛であり悲哀であるがゆえにこれを浄化し「無」にまで還元《かんげん》することが出来るのである。真の愛はかくしてすべての人類に対して自由にこちらより進んで相手の苦痛と悲哀とを摂取して、相手が其《そ》の苦痛と悲哀とに縛られている状態から解き放って自由ならしめようとするのである。愛慾は自己がその慾情にしばられて自由を失うばかりでなく、相手をもその慾情に縛りつけて其の自由を奪おうとする。此処《ここ》に真の愛と愛慾との相異があるのである。

人生の窮極目的に就いて

トルストイは、五十歳にして人間は死すべき存在であるということを痛感したのである。そして死すべき存在であるところの人間に属する一切が、普通の人にとって重要と考えられている一切が——快楽、喜悦、財産、品位、習慣、名誉……これらの凡《すべ》てが、人生の主要な大切でないもの、人間の死と共に消滅してしまうもの、従ってそれは一時意義があるかのように見えても結局は消滅してしまうべきもの――従って恒久的には何らの意義もないものであるという事を痛感したのである。そして自分の生活が不滅の意義のあるものとなる為には、自分の生活が恒久的なるもの――即《すなわ》ち神――の窮極的な目的につながるものであることを必要とするという事を痛感したのである。

しかし神の窮極の目的は何であるか。トルストイは「神の窮極の目的は吾々《われわれ》の知り得ざる所である。何となれば、それは吾々に対して無限の点に隠されているからである」と言っている。ここで彼は一寸躓《ちょっとつまず》くのである。そして再び立ち上がって其《そ》の思索を続ける――そして言う、「しかし乍《なが》ら、吾々はこれに到達する方法を知っている。その到達の方法は、……吾々の個人の幸福ではなく、世界全体、人類全体の幸福である。――要するに、肝腎なのは自己を欺《あざむ》かず、宇宙に於ける自己の位置を知ることである。而《しか》してこの位置を知り、これを理解した人は、自分自身の幸福に仕えて生きてはならぬ事、汝《なんじ》の生命を神に奉仕するために神によって与えられたものとして受けるのである」と。

一度、吾々は個人の幸福を否定してしまって、再び、神の子として神から与えられたる使命遂行の生命歓喜に復活しなければならないのである。その時、個人（肉体的な滅ぶべき存在）として永遠の価値のなかった自分の生活が、真に永遠価値あるものと変貌《へんぼう》してしまうのである。何故なら吾ら個々の生命が、全体の生命——即ち神の生命とつながるからである。吾らは結局、肉体の本来無、従って肉体に属する一切の幸福の無を自覚して霊の幸福を求めねばならぬのである。

「悪」に抗することなかれ

「悪に抗することなかれ」というキリストの教えは、生長の家の「汝等《なんじら》天地一切のものと和解せよ」の神示によって完成するのである。悪に抗して悪を一時排斥し得たとしても、それは「悪」の存在をみとめているがゆえに、それは存在するところの悪を抵抗によって一時遠ざけたに過ぎないのであるから、「悪」の存在が消えたのではないのである。それは一時締め出しても、亦《また》あらわれる。厳重な家庭に於《お》ける制裁や処罰や威嚇《いかく》による強制はこれである。何物に対しても和解せず、単に抵抗によってこれを退けんとする者は、結局、空しく抵抗して何物をも支配することは出来ないのである。真の支配は、天地一切のものと和解することによってのみ得られる。天地一切のものと和解するとき、天地一切のものは汝の味方であり、こちらを生かすためのみに働くからである。「悪」を消滅する道は「悪」をみとめないことより始まる。闇をみとめながら闇を撲滅《ぼくめつ》せんと欲しても、到底それは不可能のことである。

如何《いか》に敵対する者も敵だと思わずに味方だと思って愛すればその情愛に感動して、敵と見えていたところの相手が味方にかわるのである。病気の症状に於いても此《こ》の事は真実である。熱を敵だと思わずに、味方として愛すれば速かにその熱のために病菌は消滅してその病いは癒えるのである。疼痛《とうつう》、喀血《かっけつ》、吐血、発疹、下痢、嘔吐《おうと》――これとごとく敵だと思わず、治す働きだと――感謝して受けるとき、それは味方となって却《かえ》って病いを撲滅し健康を回復してくれるのである。凡《およ》そ「悪」よりして善徳は生ぜず、「悪」よりして生かす力は生じない。「憎み」は悪であるから「悪」を憎むということは結局は、「悪」に対するに「悪」をもってするに過ぎないのであるから、それは永久循環して再び「悪」は姿を顕《あら》わすのである。ただ「善」のみを認め、一切を「善」と信頼して感謝して受ける無抵抗のみが「悪」を消滅する力であるのである。「悪」に抵抗するところの心境に於いては尚「自我」が滅していないのである。ただ相手の利己主義を遠ざけんがために、自己主義の利己を護《まも》らんとするに過ぎない。真に「悪」に無抵抗になるときにのみ、それは「自我」さえも滅し去って、ただ「神」のみ、「善」のみ、実相のみが現前するのである。そのとき「真の自我」実相の自我、絶対自我が本当の姿をあらわして自由自在の境地に達するのである。

真理を知るには

「如何《いか》なる言葉も、伝えんとする真理を完全には表現出来ない。完全なる真理でないものは虚偽である。人は虚偽の言葉を表現することによって辛《かろ》うじて自己の伝えんと欲することを表現するものである。されば言葉は沈黙にまさり、沈黙は言葉にまさるのである。事物は存在すると同時に存在しない。有《う》であると同時に無《む》である。全宇宙には唯《ただ》一つのものがある。それは創造者にして同時に被造物と現れ、心的存在にして物的表現をもち、善であると共に不善である……」これはエマソンの論文の一節である。真理を知るためには文字そのものに捉われず、行間又は字間の間を縫って沈黙の間に鳴るヒビキを聴く事を要するのである。

釈迦は四十年説法して「一字不説」と言い、禅宗では「言詮《ごんせん》不《ふ》及《ぎゅう》・不《ふ》立文字《りゅうもんじ》」と言う。不立文字と言い乍《なが》ら数千数万言を長広舌《ちょうこうぜつ》するもの禅であり、世尊陞坐《しんざ》して一字説かずして文殊菩薩《もんじゅぼさつ》撃槌《げきつい》して「説法終れり」と言う。

われ既に生命の実相を説いてあますところなしと雖《いえど》もいまだ一字も説かず、これから益々《ますます》長広舌を揮《ふる》わんとする所以《ゆえん》もここにあるのである。言語は沈黙にまさり、沈黙は言語にまさる。共に真理にして真理にあらず、黙して神想観《しんそうかん》して天地の啓示を受け沈黙のうちに得たる啓示を文章にあらわす。

不言《ふげん》にして多言、多言にして不言、真理は無《む》にして有《う》、有にして無。説いて説かず、聴き方上手読み方上手が必要である。

龍樹の仏教と生長の家

小乗仏教は「諸行無常。諸法無我。涅槃寂静《ねはんじゃくじょう》」を説く。すべてのものは常なきものであり現象はなく、我《われ》というものもない。即《すなわ》ち魂はないのであると説く。ただ我々の死後に残るものは「業《ごう》」のみであると言う。それは一見無霊魂論であるが、「霊魂」

という字を業《ごう》という字に入れかえたので、業の輪廻《りんね》は結局、霊魂の生れかわりを説いたことになる。

龍樹菩薩《りゅうじゅ》のといった大乗仏教になると一層進んで来た。涅槃経《ねはんぎょう》には「常楽我浄」が説かれているが、「常」とは常恒《じょうこう》不滅、金剛不壊《こんごうふえ》なる実相をありとみとめることであり、この世界を苦と見た小乗仏教の観方を転廻しこの世界の実相は「楽」であると見たのであり、これは法華経《ほけきょう》の「宝樹華果《ほうじゅけか》多くして衆生遊楽《しゅじょうゆらく》す」る世界の肯定である。涅槃経の我は不滅常恒の生命の本質の事である。小乗仏教で一応、「我」を否定したのは「肉体的小我」の否定であってかかる小我を否定し去ったとき、不滅常恒の大我の存在が肯定されて来るのである。又、小乗仏教では此《こ》の世界を穢土《えど》であると見る。しかるに大乗仏教では「曼陀羅華《まんだらげ》の雨ふる」（法華経）＊天人伎楽《ぎがく》を奏する美しき浄の世界がこの現象を超えた奥の世界にあると見るのである。これが「浄」の世界の肯定である。

龍樹菩薩は龍宮海に自由に出入りしたとあるから、龍宮の大神の化身である。龍宮の大神は生長の家の神様であるから龍樹の仏教は正に生長の家の教えである。だから説くところは亦《また》等しいのである。曰《いわ》く、「私は今既に仏であるのだ、此の世界がそのまま浄土であるのだ」と。

＊衆生劫《こう》尽きて、大火に焼かるると見る時も、我が此土《このど》は安穏《あんのん》にして天人常に充満せり。園林《おんりん》諸々の堂閣、種々の宝もて荘厳《しょうごん》せり。宝樹華果多くして衆生の遊楽する所なり。諸天天鼓《てんく》を撃《う》ちて、常に諸々の伎楽をなし、曼陀羅華を雨ふらして仏及び大衆《だいしゅ》に散ず。(法華経如来寿量品《にょらいじゅりょうほん》)

陰陽の調和ということ

すべての善は、陰陽の調和より来るのである。天の気と、地の気との調和がそこなわれれば作物は育たず、天変地変来《きた》り、或《あるい》は旱魃《かんばつ》となり、或は水害をひき起す。家庭に陰陽調和せざるときは家族に不健康生じ、子供は病弱となる。食物にも陰陽あり、食物の陰陽調《ととの》わざるときは、即《すなわ》ち病いを生ず。「天地一切のものに和解せよ」とは人間はどんな食物を食っても病気にならぬと頑張ることではないのである。食物には食物の法則あり、適時、適処、適人、適量ということあり。適不適を知り、それに逆らわぬことが和解である。食物そのものには悪はあらねども、人間が無智にして法則を知らぬがゆえに、適時と適処と適量とをあやまり害を惹起す。物質もとより自性《じしょう》なきなり。適によって滋となり、不適によって害となる。達人は自然の嗜好《しこう》が適にかない、道にかなうが故に、自然の本能にまかせて取捨選択して害はなけれども、達人ならぬ人は達人の指し示す法則に従いて、誤れる自己の本能を調節して害をまぬがる。概してカリ塩《えん》の多き食物は陰性なり。ナトリウム塩及びカルシウム塩多き食物は陽性なり。ナトリウム塩とは食塩なり。塩気多き食物は引き締まりて堅実性を示し、カリ塩多き食物は柔かく膨らみて分散性を示す。心に膨れる因ある者、カリ塩多き食物を食すれば、それが縁となりて腫物を生ず。因縁相応じて果を生ずるのである。因のみありて、縁なければ果を生ぜず。縁のみありて因なければ果を生ぜず。因果を超えるとは因果を撥無《はつむ》することにあらず、因縁因果の理を知りてそれを超えること、恰《あたか》も空気を無視するにあらずして空気の流体圧力の理を知りて、空気を超える飛行機のごときものである。食物節制の理も達人となりて心の趣くところ其の矩《のり》を越えざる境に到らざる限り、科学者の栄養論また無視すべきに非《あら》ず、又民間の食養理論必ずしも排斥すべきに非ず。排斥すべきは一を知りて二を知らず排他的に凝り固まりたる心なり。即《つ》いて離れずということあり。排斥せずとて、それに即いて執すれば、それ又心結ばれて悪となる。法則に随《したが》って法則にとらわれず、事に応じて適を忘れず、人を容《い》れて寛恕《かんじょ》にして偏狭ならざるを以《も》って、天地一切に和解すると言うのである。

愛は常に勝者なり

「此《こ》の世に於いて汝等《なんじら》は迫害《パーセキューション》に遭わん。されど喜び勇め。吾《わ》れ既に此の世に勝てり」とイエスは言い給うたのである。イエスは十字架上に釘《つ》けられたとき、真に勝者となり給うたのである。何が彼を勝者としたのであるか。愛が彼を勝者としたのである。如何《いか》に現象の姿が敗れたにせよ愛は常に勝利者である。何人《なんぴと》の失敗もその歎《なげ》きは失敗したということではなく、愛が欠乏していたということである。凡《すべ》て争いは争いに先立って其《そ》の争いが齎《もたら》すところの悲惨事を回避する、愛の心が起るならば、争いは起らなかったであろうし、宇宙の星の運行の周期にでも関係して、人間が止むを得ず争わねばならぬようになったにしても、愛が真に其処《そこ》に動くならば、人類の様相は現在あるが如《ごと》き悲惨なる状態とは余程異なったものとなっていたであろう。

人間にとって大切なものは、富や、地面の広さや、持ち物の豊かさではないのである。自分は愛をどれほど豊かに持っているか。その愛の分量を誇りとするように人間はならなければならないのである。若《も》し多くの宗教家がイエスのように十字架にかかっても、尚、万世に太平の基を開かんと欲すとの、堅き愛の熱願があったならば、今ごろその宗教家は真にイエスの如く輝かしき光栄を担っていたであろう。

併《しか》し、宗教家は敗戦の艱難《かんなん》を経過して、やっと目覚めたらしい。艱難はイエスのように望んで来たのでなかったけれども、それでも、その艱難を通して、封建的な門閥の権勢を捨て、ただ愛のみに生きようと宗門の改革が叫ばれるようになったことは、宗教家にとっての素晴らしき道徳的飛躍である。その道徳的飛躍こそは今後日本が「大和国」という実相を顕現する基礎になるものである。こんなにも早く宗教改革が出現したということは戦争に敗れでもしなければあり得ない出来事である。「此の世に於いて汝ら艱難《なやみ》に遭わん、されど喜び勇め」と吾《われ》はイエスと共に愛の勝利を謳歌《おうか》せんかな。

人格主義の根本信念

宗教というものは、自己という存在を「肉体」であるとの自覚から、「霊的実在」であるとの自覚に転回せしめるものであり、自己が「霊的実在」であるが故《ゆえ》に、「霊的本源者」即《すなわ》ち神とのつながりを可能ならしめ、人を通じて神を此《こ》の世に実現せしめるものなのである。人に内在する神なしには人格主義ということはあり得ないのである。人格主義は、人間の本質の尊厳の平等を要求するのである。人間の本質の尊厳とは何によって可能であるか。それは猿やアミーバから、人間にまで進化したのであって、人間の本質は、「アミーバ」なるもの、「猿」なるものが宿っているからだというのでは説明にはならないのである。唯一の尊厳者は神のみである。凡《およ》そ人間に「尊厳」というものがあり、「人格」とか「尊重すべき」人間の本質というものがあるならば、先ず人間に神が宿っているという事を肯定してかからねばならないのである。色々に才能がわかれ、個性の差別があっても、人間の本質に神が宿っていることに於いては平等である。この平等の神的本質を指して吾々は「生命の実相」と称《よ》ぶのである。そして本質のみ真実であり、実在であるが故に、人間は「神である」ほか何物でもあり得ないのである。どんな悪人も、それは外見かく見えるにすぎないのであって、みんな彼らも「神である」ほかあり得ないのである。此の真実がわかるならば、凡《すべ》ての人間は互いにその特長や欠点があらわれているままで、彼らを、その本質が、「神である」ゆえに礼拝し得るのである。

人間が互いの人格を尊重して相侵すことなく平和に拝み合って生活するためには人

間生命の実相が「神である」ことを知らしめ、互いに礼《らい》し敬し得るように、其《そ》の根本信念を確立せしめなければならぬ。

蜜蜂と子供の教育

ギリシアのお伽噺《とぎばなし》にこんなのがある。蜜蜂を愛していた王子は、蜜蜂が終日遠いところまで蜜を集めに行くのは可哀そうだと考えて家来に命じて蜜蜂の羽を切り、遠くから花を集めさせ、毎日毎日巣の中に花を満たせてやったのである。王子の考えでは遠くまで行って花蜜を集めるよりはその方が沢山《たくさん》花蜜が集められると考えたのである。然《しか》るに蜜蜂は一向花蜜を集めないで巣の中には一滴も蜂蜜はたまらなかった。

愛することによってその子供を縛っている親達は丁度《ちょうど》、この王子のようなものである。親から見て幸福だと強いる事柄が子供にとって、一向幸福でない事が度々あるのである。王子から見て幸福だと思える事柄が、蜜蜂から見て一向幸福ではないのである。蜜蜂にとって幸福は、遠くまで行く労苦がなくなることではなくて、自由に遠くまで飛べる羽を有《も》っていて、いつでも好きなところへ自由に飛べるということである。

イプセンの劇『海の夫人』の女主人公エリーダは良人《おっと》に心で縛られている間は、本当に良人を愛することが出来ないで、解放の象徴である海から来る男にあこがれていたのであった。愈々《いよいよ》「海から来る男」が彼女を迎えにやって来る。良人ワンゲルははじめて今まで彼女の自由意志を縛っていたことに気がついて、「自由意志で、自分の責任で、どちらでも選ぶのだ」と彼女に言う。自由を与えられた彼女は、最も反動的でなしに、そのまま自然の心に復《かえ》ると、却《かえ》って「海から迎えに来た男」には心を曳《ひ》かれなくなるのである。

此処《ここ》に深い真理の暗示がある。統制と放任との問題も此処に解決の道があるのではあるまいか。愛して縛るのは統制である。子供をどの程度、親が統制するか、どの程度放任するかが問題である。しかし統制すればするほど反動的に子供は両親の意向とは反対の方向に動いて行く。「そのまま」が一等好いのである。半分「統制」の半分「自由」などは、羽を切って花を与えた蜜蜂のようなものである。子供は「神の子」であるから、そのまま自由に放任すれば、却って神の子の実相があらわれて完全になる。併《しか》し信じて放任することが必要である。「信」がなければ駄目である。

自性円満の自覚

汝若《なんじも》し能《よ》く念々の馳《ち》求《ぐ》の心を歇得《かっとく》せば便《すなわ》ち祖仏と別《こと》ならず。汝祖仏を識《し》ることを得んと欲するや。汝、面前《めんぜん》、聴法底是《ちょうほうていこれ》なり。（臨済録《りんざいろく》）

悟りというものは、一切を外的原因だとして、責任を外に負わしていた者が、一転一切の責任は自己にありと、脚下照顧、自己に反照して、一切万事吾《われ》より出《い》でて吾に還ると知ることである。外に神を求め、社殿に廟宮《びょうぐう》に寺院に教会に跪《ひざまず》いて、此処《ここ》に神仏があり自分を不幸にも幸福にもする力ありと思っていた迷信から一転して、汝の祖師、釈迦仏《しゃかぶつ》もキリストも汝の内にあり、功徳の本源は自己の内にありと自覚する事が真の宗教であるのである。引用せる臨済録の「馳求の心」とは外に求める心であって、「外に求めていた心を歇《や》めてしまったら、汝は、便《すなわ》ち、今直《す》ぐ仏《ほとけ》と同体だ。汝、仏が何処にあるか知りたいと思うか。では教えてやろう。此《こ》の眼の前で仏法を聴いている其奴《そやつ》が仏《ほとけ》其の者じゃ」と一喝したのである。

生長の家の根本哲学『生命の實相』の冒頭の「生命の実相の自性円満なることを自覚すれば神の癒す力がはたらいてメタフィジカル・ヒーリングとなります」と書いてある。「吾人《ごじん》生命の自性円満」とは即《すなわ》ち仏性《ぶっしょう》なり、神性《しんせい》なり。仏《ほとけ》そのものであり、神そのものである。それを自覚せずんばすなわち休《や》む。自覚せば本来の円満性あらわれて神の癒す力が実現するのである。神は外にあらず。内にまします。今・此処、面前に法を聴く者、本書を読む者そのままに仏也《なり》。

他に求むる事をやめよ。他に求むる心は争いの因也。真の人格主義は他に求めず他を奪わず、自己内在の力を礼拝して、一切万事我れより出でて我れに還ると知るのである。かく自分を仏と知りて、初めて他の人々をも仏と知る。仏と仏と相対せる世界此の世界なり。

魂を教錬する課程

吾々《われわれ》が常に記憶して置かなければならないことは、どんな経験でも、吾々の生活におこることはすべて吾々に好意を持って居るものであり、総《すべ》ての経験は吾を助けて、より高くよりよき心境に達する人生航路に魂を深めて呉《く》れるものであり、果実多き喜びと幸福とを与えて呉れるものだということである。だから、吾々は自分の生活に集まってくるところの色々の出来事を避けようとは思ってはならないのである。すべての自分を出迎えてくれる出来事と厭《いと》うことなく取り組んで、征服すべきものは征服し、捨つべきものは捨て去り、為《な》すべき事は為し、受くべきものは勇敢に受けるところに人格の進歩があるのである。吾々の生活に蝟《むら》り来る経験はそれを処理することなしに避けようとするならば、又他の形をもって同じ種類の出来事が自分を襲って来るであろう。何故なら、その出来事はその人その時代にとって魂を鍛える課程であり、それを終えることなしには次なる課程に進むことは出来ないからである。人生の百般の出来事は人間にとって斯《か》くの如《ごと》き意義をもっており、その意義を完了することによってのみその出来事は吾々から姿を消すのである。若《も》し吾々が正しい受け方に於いて人生百般の出来事を迎えるならば、すべての出来事は吾々に好意を有《も》っているものであり、決して吾々を害するものではないことが解るのである。如何《いか》にその出来事が、一見耐えがたく苛辣《からつ》なものに見えようとも、神は吾々に不必要なものを与え給わないという信仰にしっかりと摑《つか》まって居るならば、耐えがたき苦き杯《さかずき》が、いつの間にか甘き葡萄酒にかわっており、まことにあの体験があってよかったと、歓喜する時が来るに相違ないのである。病気が顕《あら》われ、また神癒《しんゆ》によって消えるのもそれである。

誘惑と信仰生活

ある人は「誘惑に打ち勝つ最善の方法は、誘惑に逆《さから》わずに任せ切ることである」と言う。そして、このことは「悪に抗すること勿《なか》れ」というイエスの無抵抗の真理に従うものであると言う。併《しか》しながら、誘惑に対して従順に従うことは、誘惑に譲歩してしまい、屈従して了《しま》って自己の神性を汚してしまうことになるのである。天地一切のものに和解しても、誘惑に和解して、それにだらし無く身をゆだねることは、生命の降伏を意味するのであり、誘惑の捕虜《とりこ》となって縛り着けられた魂となることである。

信仰生活に誘惑があるのは、スポーツに掛け引きがあるのと同じことである。そこに信仰生活に色々の変化が体験せられる。吾々《われわれ》は、誘惑に和解して身をまかせるべきか、自己の神性に和解して身をまかすべきか、二つに一つの板挟みに立たしめられるのである。この板挟みによって吾々はテストされ、吾々自身がサタン（悪魔）に属するものであるか、神に属するものであるかが試みられるのである。斯《か》くの如きテストは自由意志によってみずから、自由に自己が「神の国の者」であることを決定し得る機会を与えんがための自己投票であるのである。強制的にのがれる道なく、「神の子」

であるということは、人間の自由人格への侵害である。サタンにさえも属し得る自由を有《も》ちながら、みずから好んで、みずからの自由意志によって、「神の子」であるということを宣言し得るところに真に自由人格としての神の子の尊厳があるのである。

イエスが悪魔の誘惑に対して、自由意志によって、「サタンよ、去れ」と宣言した時ほど彼の神格の自由と尊厳とが発露したことはない。サタンを拒絶した時のみ、真に自己神性に和解し得るのである。

幸福の秘訣ここに在り

すべての消極的なる者、否定的なる者、栄えを否定するもの、幸福を否定する者、健康を否定するもの、確実さを否定するもの、不安、恐怖、曖昧《あいまい》の念《おもい》を汝《なんじ》の心の世界より取り除くべし。其処《そこ》に汝の幸福来《きた》らん。諸君にして百万円欲しいと思わんか。百万円必ず来るべしと信ぜよ。人からたずねられて、「君それを儲ける自信があるか」

と言われた時に、「必ず儲ける資格あり」と言下に明言し得る人ならば必ず彼は百万円の富を得ん。「それは中々《なかなか》儲からない。何とかしてみましょう」と躊躇《ちゅうちょ》して言う人ならば百万円の富は実現しないであろう。人はその器の如《ごと》く、その富は信念の大小によって定まる。富のみならず、その人の幸福も、その人の信念によって定まるのである。「われ必ず一家を幸福ならしめ得」と信ずる者は必ず一家を幸福ならしめ得べきも「私にその資格があるだろうか」と疑う者は其《そ》の資格を失うのである。

すべての「万一」「若《も》し」「併《しか》し」「何か思わぬ障礙《しょうがい》が来るかも知れぬ」などという言葉を、汝の人生より撤去すべし。「吾《われ》は斯《か》くの事を欲す。わが欲するは神が欲したまうのであるから、斯く斯くの事は必ず成就する」と信ぜよ。然《しか》らば其の斯く斯くの事は必ず成就するのである。それが「*牝鹿《めじか》の脚に乗って高き所に登る」の秘密である。寸毫《すんごう》と雖《いえど》も自己の信念を譲歩する勿《なか》れ。譲歩しただけ失敗と禍《わざわ》いは来るのである。「神われに在《い》まし、われ神の内にあり、われ汝の内にあり」とイエスが言った言葉は、彼の行ないし異常なる奇蹟の奥にある信念なのである。「われみずからにては何事もなし得ず、天の父われにいまして成さしめ給うのである」とイエスと共に信ずべし。躊躇すべからず。今が時なり。一時をゆるかせにすべからず。神汝と偕《とも》にあるに、何ぞ汝らの恐るるや。

＊「神はわが強き城にてわが道を全うし、わが脚を牝鹿《めじか》の如くなし、我をわが高き所に立たしめたまう」（サムエル後書第二二章三三、三四節）

常住今此処が神の国

イエスは言いたまう「何故《なにゆえ》われを尋ねたるか、我はわが父の家に居《お》るべきを知らぬか」（ルカ伝第二章四九節）

いつでも人間は父の家に居るのである。無限の平和と、無限の供給と、無限の生命と、無限の愛と、無限の智慧《ちえ》との満ちている父の家――神の国――実相の世界――実在界――に住んでいるのである。十二歳の時イエスが祭の慣習に随《したが》って父母と共にエルサレムに上った帰るさ、父母は道伴《みちづ》れのうちにイエスもいると思って他の人達と話しながら途中の町まで来るとイエスがいないのである。親族縁者のうちにいるかと思って、一日たずね廻ったがいないので、再びエルサレムに舞い戻って見ると、宮の境内で教法師たちの中で神の教えをきいているイエスを見出したので、そこで母マリアが「何故、かかる事を我らに為《な》せしぞ。視《み》よ、汝の父と我と憂えて尋ねたり」と言ったときに答えた言葉が、これであった。

「何故われを尋ねたか。我は父の家に居るべきを知らぬか」

常に今此処《ここ》にいる永遠の世界が、神の世界なのである。何処《どこ》にも、危険の世界はない。何処にも乏しき世界はない。「我は父の家に居るべきを知らぬか」——これはイエスだけのことではない。吾々《われわれ》すべてが、各人が、「我は父の家に居るべきを知らぬか」と言い得べきであるのである。此《こ》の言葉を、瞑目して十遍黙念《もくねん》せよ、百遍黙念せよ、千遍黙念せよ。

運命を支配するには

人間の運命を支配するのは、真理を知りさえすれば容易なことであるのである。真理を知らないために人間は悲惨なる運命の虜《とりこ》となる。悲惨なる運命を心に描くがゆえに、愈々《いよいよ》恐怖心の虜となりて、尚《なお》一層悲惨《ひさん》なる運命にまき込まれるのである。我らの心が正しい方向に向かわないで、「悲惨」の方向を向いている限り、「悲惨」の陥穴《おとしあな》に墜落するほかはないのである。我々が幸福になるためには「幸福」の方向へ心が正しく向くことが必要である。「不幸」の方向へ心を向けながら「幸福」の都へ到達することは不可能である。「幸福」の都へ到達するためには、暗室におかれたる植物が、僅《わず》かの光線の方でも、その新芽を振り向けて伸びて来るように、一寸《ちょっと》の「明るさ」でも「楽しさ」でも探して、その方向へシッカリと心を向けて突進することである。

凡《およ》そ、神の造りたまうた世界には、不幸などというものはないのである。それは日光の輝く世界に暗黒が存在しないのと同じである。しかし日光輝く世界にも影はあるという見方もある。しかしそれは日光の方を向かず、日光に背を向けているからである。影はあるが如《ごと》くであるが、それは、自分が日光の方向に向かぬからである。不幸も、それと同じく本来無いのであって、ただその人が幸福の方向に向かぬだけである。心の方向をかえよ。今迄《いままで》事物の暗い方面ばかりに向いていた心を、事物の明るい方面ばかりに向きかわれよ。其処《そこ》から、人間の運命の転回が始まるのである。真理を知るとは、神のつくりたまうた人間には不幸はないという実相を知ることである。この実相を知ることによってのみ、人間は不幸なる運命から解放されるのである。人間は神の子であるから、運命は、自分の自由にそれを支配することが出来るのである。

芸術・自然・唯一の心

作家の想念、音楽家の情感、美術家の構想、そういうものが若《も》しないとしたならば、それがただ唯物論的機械的産物であるならば、心というものが其《そ》の背後にないならば、それは何の意義もないものだと言わなければならないのである。要するに意義というものは心的なものであり、機械的偶然には意義はないのである。吾々《われわれ》が小説や、劇作や、音楽や、美術や、その他いろいろの芸術品を味うのは、その内部にある心的なるものを味うのであって、芸術がただ、物質的音響や、色彩の偶然の集合であるならば、味うところの何物もないのである。味覚でさえも食品を整理する人の人格の味いが附加されるのであって、同じ米でさえも炊く人によって其の味いが異なる。

画家が自然を見てその意義を表現する場合、彼が自然に内在する意義を捕捉することが出来るのは、自然そのものの中に意義（即《すなわ》ち心的なるもの）があるからである。自然も決して機械的偶然の物質集合体ではないのである。若《も》し吾等《われら》が自然の奥にある心的なるものを把握することが出来ないならば、自然は結局瓦落多《がらくた》物質の集合に過ぎないのである。

自然が単なる瓦落多の集合体でないならば、その奥に心的なるものがあるならば、更《さら》に進んで、自然界の万象の創造主とでも言い得るような「宇宙の心」に到達し得ないものだろうか。吾らは一切の現象を見るのに、其処《そこ》に精妙なる統一を見出さずにはいられないのである。天体の自由に運行しながら互いに衝突することなきが如《ごと》く、すべての人間の生理的構造が全地上の如何《いか》なる部分に発生せる人間に於いても同一であること。地軸の傾斜や、地球の自転速度や、太陽熱の関係等すべてが偶然ではなく、地上の生物の生活に最も完全に適する如き組み合わせになっていることや、それらは決して偶然とは言い得ないのである。宇宙には唯一の心があり、それが全てを総攬《そうらん》し調節しているものである事を吾等は見出さずにはいられないのである。その「唯一の心」を称して吾らは「神」と呼ぶのである。

奇蹟を生ずる原動力

「ただ有り難い」と念ずることが生長の家の坐禅であり、念仏であるのである。坐禅しておるときだけが坐禅ではない、神想観《しんそうかん》するときだけが神想観ではない。仏の自分であり、仏の世界であると、わからせて頂いて、ただ有り難くなって、「ただ有り難い」と感謝しているとき、行住坐臥《ぎょうじゅうざが》其処《そこ》に仏が動いているのである。坐禅する時だけが仏であって、坐禅を止めたら仏でなくなってしまうのだったら、我々は仕事をしていることも出来ず、坐《すわ》ってばかりいなければならない。「祇管打坐《しかんたざ》」というのは坐っていても立っていても寝ていても、仏のいのちが坐っていると知ることが坐禅である。我々の全ての生活は、物質の生活にあらず、肉体の生活にあらず、「我常に此処《ここ》にありて説法す」と言われた釈迦牟尼仏《しゃかむにぶつ》の生活が坐禅である。

「久遠《くおん》の我《われ》」が此処に生きているのである。何という有り難いことであろうと知って、念々「有り難うございます」と感謝出来るのが、新たなる自己の発見であり、キリストの復活であるのである。十字架とは「今此処」にある。旧我の磔殺《たくさつ》と、新我の肯定とである。それが×《クロス》と＋《プラス》との同時存在であるところの十字架であるのである。この「十字架」を背負って我らはキリストと偕《とも》に歩めば、これが本当の洗礼であるのである。

ヨハネの洗礼は「水でバプテスマを施す」のであったが、キリストの洗礼は「我は霊にて洗礼を施す」と仰せられたのである。それにも拘《かかわ》らず、水ばかりで洗礼を受けてクリスチャンになったと思っている人もあるが、それでは真の復活はないのである。だから今までの教会キリスト教では奇蹟が余り出て来ないのである。霊《みたま》によって、自覚によって洗礼を受けなければならない。自分と「生命」との結びが出来なければならない。ところが生長の家では何故奇蹟が起るかと言うと、霊《みたま》によって洗礼を受け、自分の内にキリストが蘇《よみがえ》りたまうことを知り、「我往《ゆ》きて汝等《なんじら》に来《きた》るなり」とヨハネ伝でイエスが言いたまうた「内在のキリスト」を自己の内に自覚し、その「内在のキリスト」こそ真の自分であると知り、罪の自分が解放されるのであるから、ただ「有りがたい」と称名《しょうみょう》するだけで奇蹟的な功徳があらわれて来るのである。

神の愛の流入を祈れ

人を救うのに、自分が救う特権がある、自分が悟りを開いたのであって、万人にこの悟りを伝えるのが使命であるという様な傲慢《ごうまん》な考えをいだいてはならないのである。それは神からさせて頂くのである。慈善は自分がするのではなく、神の愛がめぐり入って自分を通して展開するに過ぎないのである。されば何処《どこ》までも自分は謙虚でなければならない。乃公出《だいこうい》でずんば蒼生《そうせい》を奈何《いかん》せんというような考え方は政治的には是認せられるかも知れないが宗教的には是認せられないのである。俺《わし》がと力《りき》む人には本当の宗教家になれる人は少ないのである。宗教家が人を救うのは、偉そうに自分が人を救ってやるのではなく、自己自身の「救い」のために「神の通路」となることである。だから人を救えば救うほど、自分自身が有り難いのであって、「わしが人を救ってやった」というような傲慢さはないのである。此《こ》の傲慢さが微塵《みじん》でもあるならば、其《そ》の人は宗教的には躓《つまず》いた人だと言わなければならないのである。これは自分と雖《いえど》もそうであって、この事は自誡《じかい》のために書き置くのである。すべての功徳は神に帰《き》せなければならない。

吾々《われわれ》は人々を救い得るように、先ず神の愛が自分に廻施《えせ》し来《きた》るように祈らなければならない。それが最初にして最後なる宗教的救いの基礎である。静かに坐して神の愛が自分に流れ入り来《きた》って万人を真に愛し得るように、虚栄の為に愛するのではなく、真に神の愛の栄光のために愛し得るように、そして其の適当な機会が与えられますようにと祈らなければならないのである。適当なる相手と時と場所とは神によって与えられるのである。機縁の熟しない人に、不適当な時に、我《が》の心をもって相手を救済しようと思っても「豚に真珠を投げ与うる勿《なか》れ」である。人間は豚でも犬でもないが、機縁の熟しない時に無理に相手を教化せんとすれば、そのような結果に陥るのである。ただ、相手を神の子として、真に愛し、真にその実相の完全さを拝めるようになることが必要である。自分の手柄のために功を急ぐということがあってはならないのである。功を急ぐということと、相手を愛するということは別である。

学説や理論や哲学の前には、常に反対と賛成とがあらわれる。併《しか》し真に相手を愛し得るならば、愛はそれみずからの価値を実証するのであって、理窟《りくつ》も反駁《はんばく》も愛の前には消えてしまうのである。唯《ただ》、吾らは愛とぼしきを嘆いて神の愛が廻施《えせ》し来るように祈るべきである。

嫉妬なき愛

人と人との和を破るもの嫉妬心より甚《はなは》だしきものはない。嫉妬の心は独占慾《よく》より起るのである。独占の心は利己主義又は極端なる個人主義より起る。独占慾のあるところ、排斥心を生じ、ものの実相を見ること能《あた》わず、深切《しんせつ》にして貰《もら》っても、それは自分の妻を、子を、他に奪わるるような気がして少しも心が安穏《あんのん》ではないのである。太陽はただ照っているのであって、何者をも独占しようとはしない。しかし太陽に照らされていても、嫉妬心のある者は、自分の妻が、子供が、太陽から奪われはしないかと恐れて、彼らを影につれ込むのである。其処《そこ》から家庭の暗黒は生ずるのである。嫉妬による排斥は自己を貧しくし、自己を弱体化する根元である。頼朝は自己の兄弟の英邁《えいまい》なるを嫉妬してそれを排斥して、自己自身の手足を断つようなことをしたから源氏は滅びたのである。

家庭にて、嫁を憎む姑、多くは嫉妬を因《もと》とす。父をにくむ子、多くは嫉妬をもととす。阿闍世《あじゃせ》王の悲劇にその典型的なるものを見る。ユダがキリストを売ったのも、ユダはキリストを愛していたからキリストを独占したかったのである。それだのに、他の多くの弟子を愛するかに見えたからである。特にマグダラのマリアがキリストのみ足に香水を打ち注ぎ、それを彼女の頭髪でぬぐい、そのみ足に接吻した如《ごと》きは耐えがたきことであった。この時ユダはキリストを売る決心をしたのである。師が弟子に対する愛、父母が子に対する愛、夫婦が各々《おのおの》の配偶に対する愛、息子が父母に対する愛、娘が父母に対する愛……その他、これらは各々位相を異にして共存共在して、互いに人生の味いを複雑にし、深化する愛であって、決して衝突する愛ではないのである。嫉妬心あれば事物に対する正鵠《せいこく》の判断力を失う。正しきことでも文句をつけたくなり、あらを探して、それが間違っているかのごとく悪しざまに言いたくなる。理窟よりも感情で是非が左右される。嫁姑の争い、阿闍世王コンプレックス、エディプス・コンプレックスなどいずれも嫉妬による死闘である。

（註）コンプレックスに関しては新選谷口雅春選集第二巻『人間性の解剖』日本教文社発行参照。

「性」の尊厳と秩序に就いて

抑圧されたる男女の性の目覚めの時が来たかのように見えるのである。性道徳は解放せられ、姦通《かんつう》もつみせられず、滔々《とうとう》として男女はセックスの大道を駛《はせ》るかの様に見られる。しかし「性」のこと必ずしも浄にあらず、不浄にあらず。宇宙の一切は「性」によって始まるのである。換言すれば陰陽の分化と其《そ》の結合によって天地の創造は始まったのである。「神の肖像《かたち》に造り、これを男と女に造り給えり」である。しかし陰陽の結合にはおのずから秩序があり決して混乱せしめて好いものではないのである。原子構造に於いても、原子の中心には陽電気エネルギーの核体たる原子核があり、それを中心として陰電気エネルギーたる電子は旋回《せんかい》している。如何《いか》なる原子構造に於いても陰電気エネルギーがその中核体となり陽電気エネルギーがその周囲を旋回せる原子は見出すことは出来ないのである。太陽系統は無論、太陽なる大なる陽者（発光体）が中心であり、みずから発光せぬ（即《すなわ》ち陰《かげ》なる）遊星がその周囲をめぐる。これは原子の微小体から太陽系なる極大なるものに到るまで変ることなき宇宙の秩序である。家庭の秩序も例外ではないのである。此《こ》の秩序の崩壊は原子の崩壊であり、太陽系の崩壊である。天は高く地を拝み、地は低く天を拝む。天は陽気にして輝き、地は陰気にて水をたたう。陽陰互いに拝み合って万物生《お》い出で栄えるのである。地は天に昇るべからず、天は地に墜《お》つべからず。然《しか》りと雖《いえど》も地は低きが故に卑しきにあらず、天の太陽の温熱も地気に触れねば、温熱の形としてはあらわれないのは、地表を上方に去るに従って冷く、ついに真空圏に到れば、太陽に一層近しと雖も絶対零度の冷域であることによって知られるのである。太陽熱の暑さは、空気の反射によるのである。空気とその中を漂う微塵の反射なくんば太陽熱も役にたたない。空気は地球の外皮であり太陽熱がなければ凝結して固体空気となる。空気が空気であるのは太陽熱の働きによる。されば陽は陰によって愈々《いよいよ》「陽」たり。陰は陽によって愈々「陰」たり。陰陽包合して万物生ず。陰の低きが故に卑しきに非ず。陰なければ陽は働きをあらわさないのである。もちつもたれつである。その尊貴は平等である。されどひとたび陰陽と分化したる以上、その秩序はみだるべからざるものである。

罪を自覚する聖者

人間は神の子であるというのは、傲慢になって我れひとり尊しと自負したり、自分のすること悉《ことごと》くが神の行為であると不遜な気持ちになったりすることではない。「必《ひっ》

定《じょう》 自分は地獄に墜ちるほか仕方がない」と親鸞聖人のように深いふかい自己反省のその奥から、救いの本源（「神」と言っても好いし「仏」と言っても好い）を求めずにはいられなくなり、常住ダビデのように、親鸞のように、或《あるい》は神を、或は仏を、もとめ呼び願わずにはおれない其《そ》の果てにおいてこそ、吾《われ》呼べば神偕《とも》にいまし、われ念ずれば仏偕《とも》にいますという自覚が出て来ることである。

我れ神の子の自覚の裏には、強い強い自己否定があるのである。自己否定のない「神の子」は、ただの増上慢《ぞうじょうまん》であって真の神の子が出てはいないのである。光が明るくなるほど塗物の表面がよく磨かれてある程、表面にたまる埃《ほこり》がはっきり見えるように、真に神性が開発され、仏性が顕現すれば、「罪悪深重《じんじゅう》」の自覚がハッキリして来る。光がたらず、心の表面が磨かれていぬために埃《ほこり》が眼につかず、これを称して、「われ心に埃なし」と誇ることは、光の足らぬのを高慢にしているようで、神の子の光が輝くこととは全然反対なのである。パウロは「肉は益なし」と肉体を否定し、生長の家は「肉体本来なし」と肉体を否定したのも、結局は、否定ののちの肯定であり、否定のない肯定は、ただの増上慢に過ぎないので危いこと甚《はなは》だしい。すべての躓《つまず》きは、結局、自己否定のない自己肯定からのみ出発したからである。もっと謙遜に現実自己の正体を見極めてから、その現実自己を否定したのち、真に完全なる実相が現れるのである。現実自己の正体を、厳粛に見詰める所から真の更生が可能である。そして此《こ》の現実自己から脱皮したとき初めて人間の新生が完成する。

愛は癒す

日本に於けるフロイドの唯一の直弟子だとて医学博士古沢平作氏が『東京医事新誌』(第二九五四―二九五七号)を持参して、私に読んで見てくれと言われるのである。それには同博士訳の『胃腸疾患に及ぼす心理的要因』という文献が連載せられている。それによると「消化器系統は種々の感情的緊張を解放する為に心的機構が特に好んで用うる系統である……心的刺戟とその生理的表現との連関はこの器官に於いては直接的であり比較的錯綜して居らぬ……肛門サディスティック及び把持《はじ》衝動は勿論《もちろん》の事、口《こう》唇《しん》受容並《ならび》に攻撃的取得性向は嘔気、吐瀉《としゃ》、便秘、下痢等の徴候と関係ある事は既に長い間実証せられて居る」事柄であるという総括的書き出しから、胃潰瘍患者を精神分析して、「彼等は生理的空腹のためではなく愛と救助とを受け度しとの願望の象徴として食物を要求するようになっている……胃は此の持続的慢性刺戟の為絶えず消化時と同様に働いている……その結果慢性……胃酸過多症になる」というように説明している。

宗教で病気が治るということを迷信視しているのが日本人であるが、シカゴ精神分析学研究所のフランツ・アレクサンダー氏の論文で今から十余年前に発表されたものにも、宗教によって病気が治るのは、「愛と救助を受けたしとの願望」が「病気になって劬《いたわ》られたい」という衝動に変化して病気を固定させてしまうのであるから、真に患者が神を心の中に獲得し神の愛を直下《じか》にひたひたと受けている自覚を得れば治るのは当然であると言っている。この場合、「神は病気にならねば、肉体を苦しめねば、吾《われ》らを愛し給わない」というような偏《かたよ》った信仰を持っている場合には却《かえ》って聖フランシスのように病気になる。生長の家に来て病気が治るのは、神は完《まった》き愛であるから、吾らが肉体を苦しめねば神に愛してもらえないというような偏見を先ず取り去ることから治癒し始めるのである。

この事は神の完全の愛を自覚の上に体得することによって初めて完全に遂げられるのであるが、家族の親身《しんみ》の愛によっても病いは治るのである。家庭が面白くないとき色々の病気が起り、家庭の問題を解決するとその病気が治るのは主として斯《か》かる理由によるのである。真に病気が無くなるためには家族互いに相互礼拝の拝み合いの心境にならなければならない。

凡ての災害は想念が原因

更に、もう一つの否定的な悪なる想念は、周囲の人たちが自分に反抗して立っているという想念、人生のすべてが自分に逆らい立っているという想念、彼らが自分たちを崩壊せしめようとしているという想念である。かかる心的態度は、その想念の犠牲者からあらゆる善きものを遠ざける結果になるのである。そして彼をしてあらゆる種類の否定的状態に感受し易《やす》き状態に立ち到らしめ、それに対して身を曝《さら》すことにならしめる。かくしてかかる想念の結果、人々と人生とは彼に対して逆らい立ち到るところで彼を陥れようとしているという信念を彼のうちに確立する。かくして彼の周囲に禍《わざわ》いの渦巻きが形造られ彼は到底それから逃げ出すことが不可能であることを見出すのである。(ハンブリン氏"Healing Hard Times Consciousness"一三頁)

何者も吾人《ごじん》に敵対して立つ者はないのである。若《も》し誰かが真に敵対して自分に向かってくるならば、その原因は、周囲の誰かが此《こ》のハンブリン氏の語の通り「自分に反抗して立っている」と誤想し、「彼らが自分たちを崩壊せしめようとしている」と誤想し、みずから「かかる心的態度はその想念の犠牲者から凡《あら》ゆる善きものを遠ざける結果になる」のである。そしてついに自分をしてあらゆる種類の否定的状態を感受し易き状態に立ち到らしめ、「それに対して身を曝《さら》すことにならしめ」ついに自己崩壊せしむるに到るのである。凡《およ》そ人生に起ってくるところの全ての災禍や葛藤は周囲から害を与えられるという妄想に出発し、妄想が信念となり、その信念が周囲の状態を一層険悪に形造らしめ、心に身構えすればするほど周囲は険悪となり、自分の想念で造った険悪の渦巻きの中へ、自分自身の身を投じて、四面楚歌とも言うべき惨禍《さんか》の中へみずから情死せしむるに到るのである。簡単に言うならば「心に禍いを描いたら、最初は主観的のみに存在する禍いが客観的に形造られ、禍いの渦巻きの中にみずから溺没《できぼつ》する」という真理である。これは凡《あら》ゆる紛争の心理的想念的原因であって、将来人類に惨禍なからしめるには、此の心の法則、この真理をひろく普及して、「心に禍いを描かない」ようにせしめることが必要なのである。地上に神の国を実現するのは亦《また》かかる心の法則を知らしむることによってのみ可能となるのである。ここに生長の家の真理、ニューソート的真理の普及が喫緊事《きっきんじ》なのである。思想は自由なれども、心に禍いを描いて、その結果禍いを勃発《ぼっぱつ》せしめ、自己と周囲を破壊するようでは、自由を得たとは言われない。真の思想の自由は、真理を想念する自由でなければならぬのである。キリスト曰《いわ》く、「真理は汝《なんじ》を自由ならしめん」と。

身意口の一体

鉄を鍛うるは行《ぎょう》の問題にして心の問題にあらず、心に幾ら此《こ》の鉄自然に鍛えられて鋼鉄になると念ずるとも鋼鉄になる事能《あた》わず。鉄を鋼鉄たらしむるは唯《ただ》、行也《ぎょうなり》。田を耕す唯これ行の問題にして、心の問題にあらず、心に作物よく実《みの》ると念ずと雖《いえど》も、行これに伴わざれば田畑は荒れ果て雑草しげりて収穫得べからず。心々と百万遍念ずるも如何《いかん》せん。行伴わざれば一切の念は無効果に過ぎざるなり。然《しか》りと雖も行《ぎょう》は何によって起るか。鉄を鍛えんとする心なくして鉄を鍛うべくハンマーを打ち振りたる人形あるを未《いま》だ聞かず、田畑を耕さんとする心動かずして、鍬《くわ》を以って耕したる人形あるを未だ聴かず。所詮《しょせん》、行は心の問題たるなり。心動きて行動現る。怠ける心を捨てせしめずんば、勤勉なる行動起らず。行とは心の行動化なり。然り、斯《か》くの如《ごと》く言うと雖も、心行は別異の物には非《あら》ざるなり。心行本来「一」なり、真に「心」内に動けば「行」必ず外に顕《あら》わるる也《なり》。人悲しければ流涕《るてい》し、人恐るれば青褪《ざ》めて戦慄《せんりつ》し、人憤《いか》れば怒髪《どはつ》竦立《しょうりつ》す。心穏かなれば和顔生じ、呼吸深くして、血行順也。呼吸深く血行順ならば即《すなわ》ち其《そ》の人は健康也。心の動くや即ち「行」也。心行一致也。心行「一」なるものを名づけて生命と言う。心行正しくして宇宙の法則に従うとき、宇宙の生命はわがものとなり、長寿おのずから顕われ、生長の家となる。生長の家は長寿の家也。長生の家也。「生」は生命也。「長」は現象也。「生」は「時間」を表わし、「長」は「空間」をあらわす。時間空間を「今」の一点の「心行」に把握するもの即ち「生長の家」なり。心行を「一」として説くは、常識的にわかり易《やす》く説くための説明に過ぎず、「心行」一つなるものをコトバと言う。「太初《はじめ》にコトバあり」のコトバ也。ロゴス也。コトバは行也《ナリ》、業也《ナリ》。行方という苗字あり、行方《ナリカタ》と読む。業平という歌人あり、ナリヒラと読む。心の動きは生命のナリ響きなり。是《これ》をコトバと言う。「はじめにコトバありき」

を、「太初に行ありき」と訳したる人あり。「行」は「心」にて動き、「心」は「コトバ」にて動く。然らば「心」動かざる時は如何《いか》にせん？「心」は是《これ》をコトバにて動かすなり。「汝《なんじ》は病気なり顔色悪し」と毎日或《あ》る人に向かって曰《い》え。ついに必ずその人は病気となるなり。「コトバ」「心」「行」本来「一」なり。身意口《しんいく》一体なり。ただ着眼点を変えて三種に呼ぶなり。人を導くにコトバを主にする人あり、「心」を主にする人あり、「行」を主にする人あり。縁に随《したが》って相応じ、生命が動きて救いが成就するなり。コトバは律呂《りつりょ》なり、秩序なり、ノリ也、法則なり。法則随うべし。生命の秩序なればなり。されど、執して自由を失うべからず。正食あり、邪食あり。正食に執して却《かえ》って健康を損うことあり。邪食と思わるる物を食して健康なる者あり。原子爆弾に曝《さら》されて一人は傷つき一人は傷つかず。生命は神秘なり、生命は神なり。生命は法則也。しかして生命は法則を超ゆるものなり。ああ生命は偉大なるかな。我れ生命也。

天国の行的把握

ある人は言う――天国は既に完成して居るのであって今誰でも入ることが出来るのである。彼等は又曰《いわ》く天国は単に心の状態である。だから今若《も》し人が斯《こ》ういう心境になるならば、或《あるい》は若し神の子の権利を要求するならば、今直《す》ぐここに天国に入ることが出来るのであると。

これは実相直視の言である。まことにも神の国は既に完成して居るということは全く真実である。併《しか》し乍《なが》らその波長を現実に受楽《じゅらく》する為には吾々《われわれ》は心の準備をしなければならないのである。心の準備もせず、行ないも清めず、「ただ好いことが来る」と信じておったと言うだけで、好い事が出て来ないと苦情を言う人がある。それは、「好い放送がある」とただ信じていただけで、波長を合わさなかった人と同じことである。それでは好い放送も何も聴えないのは勿論《もちろん》である。

楽《らく》して多くを儲けようという心ほど、人生とその人の魂を害するものはない。人生をただ遊んで眠って暮す式な安全な保証として神を信じようという位《くらい》、間違った信仰はない、「ただ信じていた」のではだめである。「主よ主よと言う者必ずしも神の国に入るにあらず」とイエスは言っている。「天にまします父の御心を行ずる者のみ神の国に入る」と言っているのである。それは愛の道であり行《ぎょう》の道であり、神を実践する道である。そして身・意・口の三業《ごう》が神の国の波長に合うときその人に神の国の自在境が実現する。

某は言う、神の国とは斯《か》くの如《ごと》き「行《ぎょう》」を通して入らなければならないというようなものではない、それは此処《ここ》に見よ、彼処《かしこ》に見よと言うのではなく、意識の一状態であると言う。このことも真実ではある。併しこの意識の一状態というのは、頭脳だけの皮相な認識の問題ではなく、体験の結果として直接生命に把握される所の状態であるのだから、どうしても身・意・口の三業を通してそれを直接把握しなければならないのである。「自分は神を信じ神は必ず自分を護って呉《く》れるものと信じていたのに、不幸になった」と言うような人は頭で神を信じていて行的《ぎょう》に神を把握していなかったのである。若し神の国を行的《ぎょう》に把握していた人ならば、不幸に遭っても、必ずその不幸を克服して却《かえ》って周囲の人々を自己の愛行によって救っているだろう。信仰は行《ぎょう》的把握を必要とするから自分が救われたつもりでいて、誰にも其の福音をのべ伝えなかったり、周囲の人や知己を救わなかった人が不幸に遭っても、それは信仰が無力である証拠にはならないのである。

信仰と人生

信仰の生活は安易なイージーないい加減なものではない。併《しか》し信仰によって神につながる時我らは神の愛の慈手《みて》によって導かれ、ついに困難をのり切るのである。レースに於ける競走者は殆《ほとん》ど負けそうになる所でテストされると言われている。競走中彼は何回も、何回ももう抜かれるかも知れない、負けるかも知れないというキワドイ瞬間を経験する。然《しか》も彼は走り続ける。もうこれ以上耐えることの出来ない限度が幾度も来たと思いながらも不思議な力に支えられてそれを突き抜けて行くのである。斯《か》くの如《ごと》くして彼は、信仰につながる忍耐のゆえについに、レースの優勝者となるのである。

信仰の開拓にも同じことが言えるのである。吾々《われわれ》はもう続けることが出来ないと感ずるような苛烈《かれつ》な人生体験に面するのである。もう事業の根拠は失われ、生活の地盤は崩れ、わがたよる城は落ちてしまったというような苦しき苦い体験に出喰《でく》わすことがある。このような時に信仰なき者は「神も仏もなくなった」と考える。しかし吾々が神の善意を信じて最後まで持続するならば、またどんな高価な価を払おうとも最後まで行きつこうと決心するならば、やがて吾々は筆紙《ひっし》に尽すことの出来ない信仰の勝利の悦びを得ることが出来るのである。その時、労しただけのお蔭があるとわかるのである。

信仰への途《みち》は、最初は安易な御利益《りやく》信心から出発する。そして大いに有頂天《うちょうてん》となり、やがて中途で光を失って大いに悩む。それは最初は見せられた光であり、自分が見出した光でなかったからである。しかし一度見た光を見失うまいと勇気を鼓《こ》して進むときついにその目標に到達する。其《そ》の時初めて彼は自分の蒔《ま》いた光の種を刈り取るのである。それはただ贈られた収穫よりも、自分の畑で作った作物の収穫の方に喜びが多いようなものである。

信仰を、蒔かずして刈り入れする便法だと思ってはならないのである。信仰は吾々の努力を永遠に持続せしめる油のようなものである。人間が人生の行路を走るのは自分が自分自身の信仰の油の燃える力で走らなければならぬのである。

宗教家の現代的使命

宗教が一切衆生を救済し得るためには時代応現の姿がなければならないのである。しかし現代の神学者や宗教家は果して其《そ》の尊き任務を果しているだろうか。ハードマン博士は、彼らは心の内で次の如《ごと》く呟《つぶや》いているのだから駄目であると言う。「一体何故私は、更に探求をつづけるそんな厄介な事をしなければならないんだろう。私の信条や教理や教義は神についての窮極の真理を述べているのじゃないのか。たとい人間がまだ、苦難や罪や貧窮に苦しみ躓《つまず》きながら進んでいるとしても、それは彼らが『信じて救われ』ることを気嫌《けぎら》いしているからである。私の仕事は未来の天国のために魂を救済することにある。我々の超自然的神示、世を救い悪魔を征服するための一人の人間の犠牲（訳者註、基督《キリスト》の十字架）――その事だけで沢山《たくさん》なのだ。私は説教する。しかし心の法則、精神の法則を探求するなんて事はまっぴらだ。何故かだって？　そんな事をすれば、私が神について完全には知っていないと白状すると同じようなものではないか。私が肝腎な所で眠り込んでいたかもしれないとか、或《あるい》は全然まちがっていたかもしれないというような、ほのめかしの侮辱《ぶじょく》はもう沢山だ」と。これが現代の宗教家の考えではたまらない。

これでは、科学的頭脳をもった近代人には宗教の救いは何の縁もないものとなるのである。宗教家が真に現代を救おうと思うならば、もっと科学的に宗教が語られなければならないのである。この点、ハードマンの神学の如きは、実に宗教の科学的解説と言うべきものである。尤《もっと》も博士も言う。

「我々が物質の秘められたる特性を究明する事によって、〝未知なるもの、神〟を顕《あら》わす事が出来なかった事は事実である。私自身、神を求めて物質世界を凝視した。種子や花の内部を克明にしらべたが、その構造はわかっても、神を見出す事は出来ない。岩を割って見た。結晶は見出されたが神を見出すことは出来ない。天体も研究したが、星の輝きを見る事は出来たが、輝ける一つなる者を見る事は出来なかった。そして遂《つい》に、私は、私自身の魂の内部にかくれたるにいます一つなるものの存在を求め、そして『世にある凡《すべ》ての存在《もの》を照し給う光』を見出したのである。この時、全世界は、かの永遠なる光によって輝きわたったのである」と言っている。「いかなる時に於《お》いても、神を見うる者は神の子以外にはない。彼のみ彼を見る」と。ここに到って博士の神学は、法華経の「唯仏与仏乃能究尽《ゆいぶつよぶつないのうぐうじん》」の境地まで入ったと言うことが出来る。そして博士は言う、「神の子は、わが大我（Greater Self）であり、主であり、それは凡ての者の魂に住み、かつ認められん事を希っている」と。（引用文は同博士著“Your Mental Radio”による）

自由と解放

宗教の目的は、自分で自分を解放する事である。「救われる」とは、凡《すべ》ての束縛から自由になる事である。解脱《げだつ》する事、全ての過去から解放される事である。永遠の生命《いのち》が、今ここに生きていると悟る事であり、道元禅師の所謂《いわゆる》「前後際断《さいだん》」の今“Eternal Now”を自覚する事である。

本当の「いのち」は時間空間にしばられるものではなく、かえって時間空間をつくり出すものである。

人間と他の動物とは本来別のものである。神の描き給える「人間の理念」が「人間」

と生れ、神の描き給える「犬の理念」が「犬」となって生れるのである。人間と犬とは、すでに「理念」に於《お》いて異なる。即《すなわ》ち一般人間の「心」が「人間」の心を起す時「人間」となり「犬」の心を起すとき「犬」となって生れて来るというのではなく、「人間」と「犬」とは、本来異なった位相にあるものである。しかし乍《なが》ら人間は「神の万徳」をそなえた理念の具象化したものであるから、「人間の理念」の中には「犬」も含まれている。それ故人間は自由に犬となりうる。人間が畜生の念を抱くとき畜生道に堕《お》ちて犬に生れ更《かわ》ってくることもありうるが、しかし根本的には「人間」と「犬」とは異なる「理念」から発したものである事を知らねばならない。人間は神の自覚ある中心である。

本当の人間は小さいままで大きい。このままで宇宙に満ち充《み》ちているのである。わが中《うち》に衆生が居《お》り、衆生の中に自分がいる。自他一体華厳《けごん》の「事事無礙《じじむげ》」である。

世界はわが心の所現《しょげん》である。ただ自分が自分自身に対して責任を負うばかりである。

因果を超越するのは因果の法則によって超越するのである。丁度《ちょうど》、吾々《われわれ》が空気中を飛翔するのに空気の法則を知る事によってそれを可能ならしめる如《ごと》く。因果の道に随順しつつ因果を超越する。因果の法則とは心の法則であり、心の法則を知ることによってはじめて因果を超越する事が出来るのである。

蟬と白鳩と人生

「やがて死ぬけしきも見えず蟬《せみ》の声」

蟬は殻を破り出でてよりたった三日間しか生きて居《お》らぬという。しかも彼は終日楽し気に鳴き噪《さわ》ぐのである。彼は自分では五十年位も生きているつもりで居るのかもしれぬが、神に於いて見るときには、人間の五十年も、この蟬の三日間の様なものである。

白鳩を飼っていた頃の事である。その白鳩は非常になついて、執筆している机の上に来てペンをつついたり、肩の上にとまったりしたものである。そのうちに冬になると、火鉢の周りに来てとまり、温まっていたが、やがてとうとう「眠り病」の様になって死んでしまった。次に飼った白鳩も大事に家の中に入れて置いたけれども、夏日あまり西日の射すところへ置いたものだから日射病にかかって死んでしまった。人間の雰囲気の中に入れ執着し、愛で縛るために白鳩は病気になって死ぬのである。

そこで、今度は別に白鳩のアパートを庭のすみに造り、そこで沢山《たくさん》の白鳩を自由に生活させる事にした。ある番《つが》いの白鳩の卵が孵《かえ》って小さな嘴《くちばし》ばかりの様な雛が生れたが、その雛のうちの一羽が過《あやま》って高い巣のアパートから転落し、下にあった釘で背中に胃袋までも通る孔《あな》をこしらえてしまった。餌をたべるたびに、喰べた餌が胃袋に入って行くのが傷口から見えるので、他の雛鳩たちがよってたかってその傷口から胃袋の中の餌をついばむのである。この様な、人間で言えばとても助かる見込みのない大怪我をしながらも、その雛鳩は完全に癒《なお》ってしまって、羽毛も生え揃《そろ》い、少しの傷あとものこらなかったのである。人間が執愛で縛らず、不安の念を送らず、白鳩自身も心配せず、ありのままの生命《いのち》を生きた時、この様なすばらしい治癒が完成したのである。

人間の子供に於いても同様である。親の心配で子供を縛るから子供は病気になるのである。野鳥の如《ごと》く野獣の如くのびのびと自由に放たねばならぬ。「神」の「愛」の中に放つのである。その時ほんとうに「完全」な子供の姿があらわれて来るのである。

高級霊と予言に就いて

低級な霊魂はよく予言を行なう。その霊が低級であれば、地上の雰囲気近くに生活する程度が大であるから、比較的地上の事に精《くわ》しく、或《あ》る程度の予言がよく的中する。それに調子に乗って人心をかきみだし遂《つい》にはとんでもないことを言いふらす様になるのである。高級霊は地上の雰囲気から遠くはなれて生活しているから、あまりくわしく地上の出来事を知らない。知りたがらないのである。しかし直観的には大体の未来の出来事の骨組を知っているのであって、もし高級霊がその事を地上の人間に知らす必要を感ずるならば、決して霊媒だとか予言者だとかいった者を通して知らせる様なことはせずして、漠然とした雰囲気として知らせるであろう。かくて知る必要のある人は知り、知ってはならぬ人は知らぬのである。

高級霊が詳しい未来の出来事を何らかの形で知らすならば、それは知らせるというその事によって、起るべき経過に準備させて或る意識的妨礙《ぼうがい》を加えせしめることになり、自然の摂理を破壊する事になるものであるから、高級霊は決してかような予言は行なわない。それ故低級霊の行なう予言は、その行き届いた観察の不足と、調子に乗ってしまいには出鱈目《でたらめ》を言うから、かならずどこかで誤るのである。その誤りにひっかかって人々は迷う。しかもなおかかる低級霊の行為を何故神が取りしまらないのであるかと言うと、それは人間界の言論の自由と同じく、神は人間自身の判断にまかせていられるのであって、その予言の正邪は人々が夫々《それぞれ》自分の考えで判定すべきものであるのである。

宗教とは何か

宗教とは神を限りなく愛することである。従って神の創造又は顕現であるところの人間を、また万物を限りなく愛することである。宗教とは儀礼でも儀式でもない。弁舌巧みなる事でもなく、讃美歌や金剛流の詠歌《えいか》の節まわしが巧みなことでもなく、人を魅する説教に巧みなることでもない。それは寧《むし》ろ稚拙である。良寛和尚が虱《しらみ》を自分の肌よりとり出してそれに角力《すもう》とらせて、また肌にしまい込みたるが如《ごと》き稚拙さであり、武者小路実篤が辻強盗に奪われた上になぐり倒されて尚「悪人はいない」と思い、且《か》つ随筆に書いているが如き稚拙さである。良寛も絵をかいたが、実篤も絵を書く。しかも五十年間進歩せざる南瓜《かぼちゃ》と馬鈴薯《ばれいしょ》の絵をかきながら、あの不細工な南瓜と馬鈴薯の形に美を見出し、終日それを見詰めていて飽きず楽しいと言うが如き、幼な児の心である。実篤は演説が下手であるので、人は宗教家とはみないが、彼の拙《つたな》い小説や対話や戯曲が五十年間殆《ほとん》ど進歩せずして、しかも読者から飽きず喜ばれているのは、彼の作品の奥に流れている宗教的な幼な児の心が人々を魅《ひ》きつけるのである。彼の「新しき村」は彼の宗教的理想の一顕現であると言うことが出来よう。

宗教家は神を限りなく愛し神の顕現である万物を限りなく愛するが故に、百丈和尚のように、一枚の菜の葉の小川に流れたるをも追いかけて数丁を走る稚拙を行ない、一杯の水に礼拝し、万物を愛することわが児の如くである。されば又、万物を愛せずしてそれをおろそかに扱う者を限りなく憎むのである。宗教はまた誠実の世界のものであるから偽善者を激しく憎む。キリストは万人を愛し、万人の身代りとしてハリツケになったけれども、偽善者に対しては激しく憎み激しく攻撃したのである。彼は人間を限りなく愛したが故に、人間らしからざる形式主義者や、偽善者を限りなく憎んだのである。愛と憎みとは裏と表とである。かくて宗教は内に不動明王の憤怒《ふんぬ》と観世音菩薩の慈悲との二面を蔵するのである。宗教家の憎みは、彼を愛し、彼を高めんが為の憎みであるが、凡人の憎みは自己を愛し、自己に利益《ため》にならざる者を憎むのである。かくて宗教家の愛は憤怒を内に蔵しながらも、その憤怒は相手を愛する清さの変貌であるのである。不動明王の憤怒は結局は観世音菩薩の慈悲であったのである。そこに宗教家が単なる哲学者として真理の諦観に終始せず伝道せずにはいられない激越なる性格の流れを持ち、人をその渦中に引き摺《ず》って行く所以《ゆえん》である。

幸福を招く秘密

今から七十年程前大阪中之島公園内にコノラというロシア人の女の奇術師が来た。奇術師というより一種の読心術師である。自分は目隠しをして或《あ》る品物を観客の誰かに持たして、そのもっている人のところへ目かくしの儘《まま》歩いて行って多くの観客の中からその持ち主を言いあてるのである。吉田長祥氏は当時十二、三歳であったが、これはきっとコノラという人がその持ち主の「自分はその持ち物を持っているのだ」という念波をさぐって、その念波を発している人を言いあてるのだろうと察したものだから、一つ実験してやれと思って吉田氏は「自分が持っている、自分が持っている」と強く心に念じた。するとコノラは自分の方に近づいて来て、将《まさ》に吉田氏を品物の持ち主だとして名指そうとする。その時、吉田氏は奇術師にはじをかかしてはいけないと思って「自分は持っていない、持っていない」と強く念じた。するとコノラは彼から去って、本当の持ち主の方に近づいて行く。その時、再び吉田氏は、「自分がもっている、自分がもっている」と強く念じた。コノラは又もや自分の方に近づいてくる。この様なことを繰り返しているうちに、とうとう彼女は泣き出してしまった。通訳が「今日はどなたか邪魔している人がいるから奇術が出来ないと言っています。どうか邪魔しないで下さい」と言ったということである。

念の力はかくの如《ごと》く強力なものである。諸君も「私は不幸を持っている」と念ずれば不幸はコノラの如くに近よって来るのである。「私は幸福を有《も》っている」と念ずれば幸福はコノラの如く近よって来るのである。幸福に実際になるまでに、先ず「私は幸福を有っている」と毎朝目が覚めると同時に二十遍念じてから朗《ほがら》かな気持ちで起きよ。

またホルムス博士の本の中にこんな事が書いてある。友人達と一緒に居間で相談して置いて、ホルムス博士は中座するから、その間に、友人達はこんど博士が部屋の中に入ったとき、「本箱何番目の本を引き出す」と一つの本を思念するよう申し合わして念じている。

その時博士が無我の気持ちでスーッと本箱の前へ行き本を引き出すと、念じた通りの本を引き出し得る。この時、若《も》し、さてどれだろうと脳髄の智慧《ちえ》であれこれと考え出すと的中しない本を引き出すということである。

スーッと素直に、ふと思いついたことを直ちに行なうと神の智慧(神の念)そのままに動くから成功し幸福が来るのである。本当の智慧は直観的に出てくるものであって、頭脳によって考え出されてくるものではないのである。

信じて其の儘たらしめよ

人を自由に放つことが最大の美徳である。その完全なる解放の奥には人間性の善に対する深い信頼があるのである。人間性の深い信頼の奥には、人間を創造《つく》りたまえる神への深い信頼と尊敬とがあるのである。人を悪であると思うものはこの意味に於《お》いて、彼は神を信頼せず神の創造の本来の完全さを信仰せず、神の全智全能を信頼せず、神にも欠陥あるものだという不敬な観念が奥底に潜んでいるのである。一切の不幸は、神の善と愛と智慧と力との完《まった》きことを信ぜず、その創造に欠陥ありとする漠然たる又は明瞭なる潜在意識の信念の具象化であって、神の創造には責任はないのである。神の創造は、今も、（諸君が不幸に見舞われているように見えている時にも、また病気に襲われているように見えている時にも）完全円満にして、今ここに実在するのである。その実在に心の眼をひらかず、自己の心の仮作《けさ》せる禍《わざわ》いの雲を見、病いの霜を見て、日光の燦然《さんぜん》と輝くごとき実相世界（実在）の完全なる相を見ないのが、あわれなる禍いと病いになやむ人である。神を信ぜよ。神の創造の完きを信ぜよ。禍いと病いと悪しき人とは、神が創造《つく》りたまいしものではないから非実在なのである。わが言葉を信ぜよ。而《しか》して神の創造の善なることを信ぜよ。しかして全ての人間が神の子として善なることを信ぜよ。信じて人を縛ることなかれ。「こうあって欲しい」と思うのも人を縛ることである。彼を彼自身そのままたらしむることが真の人間の解放である。そのままたらしめたときに、全ての人に善そのままの実相があらわれる。その時すべての悪は消え去り、総《すべ》ての人は善となり、禍いと病いと貧しさと悩みとは此《こ》の世界から姿を消すであろう。信じてそのままたらしめよ。そのままの時、実相あらわる。実相は完全円満である。

活花の美と女性の資質

すべての運動は、陽陰又は左右の不平等から生ずるのである。電気の流れも陽陰の不平等から起るのである。プラスはマイナスを満たさんとして其処《そこ》に運動を生じ万物を生ずる。陽と陰とは「陰陽不二なるもの」がみずから自己分化と自己限定とを行ないてその分化せるものが、更に不二に統一せんとする働きによって起るのである。されば陽と陰とは「不二の一」より分化せるものなれば、共に不二の生命の一顕現であるから、その基本的価値又は本質的尊厳は平等である（人間ならば基本人権の平等はこれに当る）。しかし何故「不二の一」なる生命が陽と陰との異なる質と力とに分化したのであろうか。平等そのままで好いならば分化すること其《そ》のことも不要であるのである。陽・陰、いずれも不平等の質と力とによってのみ運動が可能となるのである。活花《いけばな》の美は陽陰の不平等によって、その美しさが発揮される。二等辺三角形を其処に据《す》えつけたような左右平衡の形を活花に活けるならば、それは平均すぎて動きがないがゆえに、生動する美は感じられないのである。活花は不等辺三角形の組み合わせに活けるのが原則である。――その意味は左右の不平等から来る「不安定」の美感である。「不安定」とは天地（陽・陰）の不平等から来る運動感（「動」の感じ）である。「安定」とは不平等に見えながらも、実は天地一体平等なるが故に、渾然《こんぜん》一体なる「静」の感じがするということである。「動」と「静」との渾然一体であるのが「不安定の安定美」である。

家庭に於ける夫婦の調和も、やはりそれと同様である。夫も妻も其の根本人性《じんせい》に於いては平等に尊厳を有し、しかも其の性質と働きに於いては、夫は陽のはたらきを有し、妻は陰のはたらきを有する。夫は剛にして、女性は柔である。柔必ずしも剛に劣れるに非ず、柔よく剛を制するのである。女性が男女平等ならんとして男性の剛を真似んとするが如きは、女性の本来の柔なる美的尊厳を認めず、いたずらに男性の剛をのみ尊敬する結果であって、かくの如きは女性みずからの本来の資質を軽蔑せんとする非民主的な考えと言わざるを得ないのである。一女性が男性の代用品化するのは人生を二等辺三角形のように動きなき殺風景のものたらしめることになる。

もっと女性は本来の資質を尊敬し、男女の平等は、女性が男性の剛や殺伐性を真似ることではなく、女性自身の慈悲や優美や男性の到底追従することの出来ないデリケートな資質を尊敬し、その資質を一層生かして人生に貢献することでなければならないのである。

神の供給の意識のうちに生くること

「吾《われ》らは事物を物質的見地よりして観察せんとする傾きがある。物質の束縛から完全に解放せられんがための宗教的真理を求めている場合に於《お》いてすらも尚《なお》そういう傾きがある。若《も》し吾々の環境が困難であり、吾々の生活手段が窮迫して来るならば、吾らは、もっと金を、より多く大なる収入を、もっと大なるサラリーをと望む傾向があるのであるが、これは間違いである。若し吾々が神の祝福なしに、もっと金銭収入が殖《ふ》えたならば、吾々の生活の困難は減ることはなく、却《かえ》って色々の思い煩《わずら》いが増加するのである。吾々にとって必要なることは、より多き金ではなく、より多く『神』を求めることなのである。先ず神の国を求めよ、その余のものは加えらるべし。汝《なんじ》のために宝を地に蓄うること勿《なか》れ。金銭、食物、衣類、家賃、……等々に就《つ》いて思い煩うこと勿れ。汝らの父は汝らに此《これ》らの無くてはならぬものを知り給うのである」

右は英国チチェスター市より人類光明化文書運動として『思想の科学評論《ザ・サイエンス・オブ・ソート・レヴュー》』誌を発行しているハンブリン氏の光明思想宣伝ビラの文章中の一節である。この人の思想は実に素晴らしい、私が『苦難と恐怖の克服法』(精神科学選書I・日本教文社発行)に、「運命が修正せられる原理」としてその詳細を紹介したことがある。

それではハンブリン氏は如何にしてこの生活の窮迫を切り抜けたら好いかと言うと、氏は「逆説的《あべこべのよう》ではあるが、吾々は与えられる額より多くを決して求めてはならないのであり、寧《むし》ろ吾らが受くるものよりもっと多くを与うるべく常に求めよ*」と言っている。たしかに頂門の急所に触れている。

* Paradoxically, again, we must never try to get more than our money's worth, but rather seek always to give more than we receive.

美の本質に就いて

花を観て吾々《われわれ》が美しいと感じ、名匠の彫刻を見て美しいと感じ、大美術家の絵画を見て美しいと感ずる。山を見てその荘厳美に打たれ、海を見てその広く豊かなる静かなる美や巌《いわお》に激する荒海に偉大なる力の美を感ずる。その「美」とは如何《いか》なるものであるか。「美」の本質とは如何なるものであるか。それを吾々は、美しく「感ずる」と言い、「美に打たれる」と言う。「感ずる」と言い「打たれる」という言葉が表わしているように、「美」とは単なる客観的な「形」そのもののみや、「色彩」そのもののみではないのである。それが「美」として感じられるためには「美」として感じられるところの対象とそれを「美」として感ずるところの心とが必要である。即《すなわ》ち客観（対象）と主観（心）とが互いに相会うことが必要なのである。客観界にどんな形があっても、それを感ずる心がなければ、それを「美」という訳には行かないのである。猫にとっては、恐らく活花《いけばな》の美は感じられない。猫ばかりの住む世界には、活花の美は無いと言わなければならない。感じられないものは無いと同様である。しかし、ただ単にそれは無いのではない、若《も》し人間がそこに生れて来て、その活花に対するとき、それを美と感ずるに相違ない。そうすれば、「美」とはただ主観的感情や鑑賞作用ではなく、ものそのものに、何か美感を起す源泉、「美の本質」というようなものがあるとしなければならないのである。すなわち「美感」の生ずる源泉は対象すなわち「ものそのもの」の内在性にあるのであって、「ものそのもの」（客体）に内在する美を、「感ずる心」（主観）が触発することによって、意識界に浮かびあがらせたのが「美」であると言うことが出来る、すなわち「美」とは、客観に属し、主観に属し、主客の合一せるところにその本質を露呈したものであると言うことが出来るのである。

　何故、客観と主観とは合一することが出来るのであるか。客観と主観とが、全然別個の世界であり、別個の存在であるならば、主客の合一ということも、主客の相互作用も起り得ない筈《はず》である。それが可能であるということは主客と相分《あいわか》れ、観る心と、観られるものと相分れているようであるが、本来それは一つであるということである。「美」とは客観に属し、主観に属し、しかも客観のみに属せず、主観のみに属せず、主客未到の「全一」に属するものだといわなければならない。この「全一者」を指して吾々は「神」と呼ぶのである。すなわち「美」とは「神」に属するものだと言わなければならないのである。

　乱雑に無暗矢鱈《むやみやたら》に引かれたる線よりも左右平衡釣合形《シンメトリー》に引かれたる線に美が一層感じられるのは事実である。かかる場合、線そのものに美があるのではなく、線の配合に美があると言わなければならない。すなわち「ものそのもの」が美なのではなく、「もの」の置かれたる状態に「美」があるのである。この場合「美」とはものの内在性ではなく、寧《むし》ろその配列された形、その「在り方」に美があるのであると言わなければならない。単なる「赤の色彩」に美があるのではなく、その「赤の色彩」が如何なる形に置いて配列されているかということに於いて「美」が感じられるのである。

　ある「線」とか「面」とかの配列が美感を喚起するのであって、美は「線」そのもの、「面」そのものに無いとするならば、何故ある特殊の配列が吾々の生命に美感を触発せしむるのであろうか。美とは一種の快楽の感じであるが、何故「線」の或《あ》る配列が吾々の生命に「快さ」の感じを与え、或る配列が吾々の生命に「不快」の感じを与えるのであろうか。或る物が吾々の生命に「快さ」の感じを起させるのは、その物が、生命そのものの在り方に順応した、ふさわしい生命の本来のあり方の傾向に一致するものがあるからであり、或る物が吾々の生命に「不快」の感じを起させるのは、その物が生命そのものの本来の有り方に逆《さから》い、生命本来の傾向を抑圧又は掻《か》き乱すところの傾向があるからだと言わなければならない。そこで、斯《こ》ういうことが言われるのである。――乱雑に引かれたる線が不快の感を起すのは、乱雑は生命本来の相でないということ、シンメトリーや、その他秩序だった配置の線が美を感ぜしめるのは、シンメトリーその他の秩序性が生命本来の有り方であるということ、その本来性が客観のシンメトリーの波動に触発されて、意識の世界に展開する――その展開は内在本性の展開であり伸展であるから、生命それ自身が快美の感じを起すのである。すなわち美感は内在生命の本性の展開伸張によって起る感情であるから、如何なる形の配合又は配列形式が美感を起すか否かを研究することによって、吾らの内在生命が如何なる本質をもっているかを知ることが出来るのである。乱雑な線の配列よりもシンメトリカルな線の配列又は線の秩序だったリズミカルな配列に快美の感を起す吾々の生命の本然は、乱雑なもの混沌なものではなくて、秩序だった、リズミカルな、或《あるい》はシンメトリカルな本性を有《も》っているものだと言うことが出来るのである。物の形（例えば二つの線）がシンメトリカルに配列されているということは、両《ふた》つの線の間に「中心点」があり、その「中心点」における位置の関係に於いて、釣合を保っているということである。また線又は形のリズミカルな配列ということは、所謂《いわゆる》不連続の連続であって、互いにバラバラに見えている個々の存在が、その背後又は内面に於《お》いて、「一」に統一されているということである。かくの如《ごと》く、中心に統一されている又は「一」に統一されている事物を見るとき、吾々が快美の感じを受けるということは、吾々の生命の本然が、中心に於いて「一」に統一されることを要請するからである。

人間解放の宗教

罪を「言葉の力」にて強調するとき、罪は強く縛る力を以って人間を悪に導くのである。前科者という折紙がついたとき、その「言葉の折紙」が再犯、三犯…五犯…と罪を重ねしめる例はザラにある。人間解放の宗教は人間一人一人の生命の本質を礼拝することから始まるのであって、罪という名称によって人間を縛っていた羈絆《きずな》から人間を解放する。人間を解放する宗教でなければ、真に人間解放の宗教と言う事は出来ない。

「罪あり」との誤れる自覚は人間を再び犯す道徳的過誤に引きずり込むものであることは前述した通りであるが、それは行為的過誤に導き行くばかりでなく、人間を病気・不幸・災禍の中に引き摺《ず》って行くことにもなるのである。多くの病気は、その人の潜在意識が「罪あり」と過って自覚したために、その罪の贖《あがな》いのために必要なる「苦行」

として潜在意識が内部から仮作《けさ》したものである。その著しい例は、聖フランシスであり、キリスト十字架の聖痕《せいこん》を自分にも背負いたいとの深き潜在意識的願いがついに肉体に磔刑《たっけい》と同じき外傷的傷痕をさえ出現せしむるに到ったのである。激しき長期にわたる内心の苦悶が肺結核や胃癌にならせた実例も沢山《たくさん》あり、生長の家の教えに触れて、内心の苦悶が去って癒やされた人も数えられるのである。

フラマリオンの本の中には「明日の何時には、たとい天気であっても傘を擎《さ》して庭の中を三遍まわって歩く」と言葉の力によって暗示された被暗示者が、その暗示の通り、自分の現在意識は自己自身の行為を余りにも滑稽なことだと否定しながらも、不思議な衝動にかられて、真昼の太陽の光輝く下で傘をさして歩いた実例を載せている。これは言葉の暗示が潜在意識に滲《し》み込み、潜在意識中にある観念の自働力によって行為が支配される場合の好適例であるのである。

潜在意識中にある観念の自働力が、吾々《われわれ》の行動を知らず識《し》らずのうちに支配するならば潜在意識の中に「罪」の観念があり、「罪」を償《つぐな》うためには不幸や災禍を受けて苦しむことが必要であるとの観念がある限り、その人はたとい聖フランシスのような高徳の人であろうとも不幸や災禍の真中へ潜在意識が導いて行くのである。不幸にも戦死したり、戦災を受けた多くの人々のうちにも此《こ》の種の人が数多くあるのである。それらの人々は純潔な人ではあるが、その人の潜在意識は、草生《むす》屍《かばね》や水漬《みづ》く屍になることを望んでいたり、(実際、そういう歌を歌っていた人もある)此の戦争は正しき戦《いくさ》でないと潜在意識が知っているために、正しくない戦争に勝つことを潔《いさぎよ》しとしない潜在意識の徳性が導いて、作戦を過《あやま》たしめたり、自己の罪や業《ごう》を消すのに全くよき機会であるとして、爆弾の落ちる所へわざわざ自己の荷物を疎開《そかい》させた人もあるのである。

人間を真に自由に解放するには環境の改革も必要であるが、罪悪の観念から解放することが必要である。環境は形の上にあらわれて来るから反抗しようもあるが、罪悪の観念は眼に見えないでいながら、人間の魂に食い込み、人を不幸と災厄《さいやく》との真っただ中に突き落とすから恐ろしいのである。真に民主主義の時代、人間を本来の自由に解放した幸福の国を招来するためには人間を罪悪観念から解放するクリスチャン・サイエンスや、生長の家のような人間解放の宗教を必要とするのである。

そこで人間本来無罪と宣言をした生長の家に対して既成宗教団体が政府と結託して迫害したのも無理はないのである。けれども罪が本来実在であるならば、実在するものは金の働きで消えたりする筈《はず》はないのである。無いからこそ罪は消えるのであり、「無い罪」を贖《あがな》うために、本山へ献金したりする必要もないのである。イエスは罪を如何《いか》にして消すか其《そ》の方法を知っていたのである。彼は言葉の力にて「汝《なんじ》の罪赦《ゆる》されたり、起《た》ちて歩め」と言った。かくて十数年間跛者《びっこ》であった病人が癒えて起って歩いたのである。それは奇蹟と認められるかも知れぬが、奇蹟でも何でもないのである。それは言葉の暗示の法則である。

「言葉によって汝は義とせられるべし」とキリストも言っているのである。また「口に入《い》るもの汝を穢《けが》さず、口より出《い》ずるもの汝を汚《けが》す」と彼が言ったことは、口より出ずる言葉が、罪を罪たらしめる原動力になるのであるという意味である。多くの日本の既成宗教家は斯《か》くて人々の罪を強調し、言葉にて罪を宣告し、罪を創造したのである。宗教家は罪を消す人であらねばならぬのに彼らは罪の謂《い》わば製造元であったのである。キリストによって「汝の罪ゆるされたり」と言われた人々は幸いであり、「汝ら罪深き者よ」と過《あやま》てる宗教家に宣告された人々は不幸なる者である。かく宣告することによって宗教は封建的権力者として罪人の上に君臨し、普通の人間は彼らに威嚇《いかく》されて奴隷の位置にいたのである。かかる宗教は人間束縛の宗教として排撃されねばならないし、かかる宗教の不合理性を強調して、人間は平等に「神の子」にして、彼らに威嚇さるべき原因の「罪」なるものは本来存在しないということを明らかにしたのが生長の家である。

同悲・同喜のこころ

実相と現象との問題ぐらい間違われて取り扱われる問題はないのである。それの混同と混乱と、その取り扱いの不適正とで人生は不幸になるのである。

イエスが、死して四日間既に腐臭を発しているラザロを復活せしめた奇蹟はどうして起ったかを見れば、この実相と現象との問題は多少ハッキリして来るのである。聖書によれば、ラザロの死を見て、また死を悲しめる彼の家族たちを見て、「イエス涙を流し給えり」と書かれている。明らかにイエスは、ラザロの死と、家族の悲哀とを見たのである。それを見て悲しみを自己の内に摂取したとき、イエスも悲しみ、イエスも泣いたのである。われわれは人の悲しみを見て悲しみ、人の悪を見て憤《いきどお》る。悲しまず憤らざる者は、その悲しみ、その憤りの原因である人の「苦痛」や「悪」を自己に摂取しない人であり、随《したが》ってその「苦痛」や「悪」をば浄めることが出来ないのである。ラザロの復活の奥には「イエス涙を流し給えり」があるのである。他《ひと》の悲しみに同悲して泣き、他《ひと》の苦しみに同苦して泣く、それは愛であり、そこから抜苦与《ばっくよ》楽《らく》の慈悲の働きが生じてくるのである。人の苦しみ悲しみを見て平然たるものは木石《ぼくせき》であって愛ある人ではない。木石は人の悲しみをも苦しみをも見ないがそれを癒やす働きはないのである。人の悲苦を癒さんとするときには、先ず同悲し同苦し、そこからそれを脱却せしめたいとの工夫を生ずる。その工夫が実際に重荷を代って担いでやろうとする深切《しんせつ》の行為ともなり、母親の子供に対する愛護ともなり、色々の慈善事業ともなり、社会生活ともなる。実際的な深切の行為の人を、唯《ただ》「現象悪にとらわれている人」と観《み》るのは間違いである。それでは実際的な愛の行為の全然なる否定となる。吾《われ》らは時には貧しき人に一片のパンをも恵む人ともならねばならないし、身体の弱い人をいたわって彼から苛酷な仕事を取り除いてやることもしなければならぬ。併《しか》しそれだけでは愛が「イエス涙を流し給えり」の程度に過ぎない。実に吾らの愛はイエスの「死せるに非ず、生けるなり」と悲苦の仮相を観《み》ず、悲苦を超えた永遠「生」の実相を観る神想観《しんそうかん》にまで発展しなければならないのである。併し、ラザロを復活せしめたる「イエス」の神想観は「イエス涙を流し給えり」の境地を通過してのちの実相観であるのである。ただ人の苦しみを冷然と見て、「そんな現象は本来無」と、空嘯《そらうそぶ》いているが如《ごと》きは、木石の無感覚さであって、実相の円満さを観るものではないのである。

真の幸福は体験から学ぶことにある

吾々《われわれ》は自分で自分を幸福にしなければ、自分で自分が不幸になるのである。すべての経験は、他より、又は外界より、来るように見えることがあっても、すべては自分で呼び寄せたものであり、自分で創造したものであり、自分であらわしたものなのである。『善と福との実現』（新選谷口雅春法話集第六巻、日本教文社発行）にもある通り原子爆弾すら何らの危害を与え得ない人もあれば、自ら進んで散華《さんげ》して魂の向上を目指す人もある。所詮《しょせん》は、一切万事吾より出《い》でて吾に還るのである。——この真理を自覚することは「幸福生活」の門に入ることにほかならないし、この真理が幸福生活の最初の門なのである。

或《あ》る人は「あの人が私に不幸を与えた」と言う。けれども、あの人が私に不幸を与えることが出来たのは何故であろうか。それは受難者自分自身のうちに不幸を与えられるような要素がありあの人の与えたものに屈従したからにほかならないのである。人間は先ずみずからに不幸をつくって、他から不幸を与えられるのである。本当に偉大なる人は常に人生の勝利者である筈《はず》である。吾々は人生を克服しなければ、人生によって克服せられるのである。

人生の勝利者となるには、必ずしも現象を見る眼で見て、いつも勝利者となることでない。他を圧倒していると見えることでもない。最も苦《にが》き経験につまずきながら苦杯を嘗《な》めている其《そ》の最中に、其の人が真に勝利者であることもあり得るのである。

勝利というのは他を叩きふせる事ではなく、みずからの生命を、その体験によって一層豊富にし、一層高め上げ、一層浄らかにし、その体験から得られるすべての善き滋養を完全に吸収することなのである。

だから、勝利というものは、形の問題ではなく、その体験の受け方にあると言うことが出来るのである。仆《たお》れた時にだけその起き上がる努力によって発達する筋肉もあるのである。兎《と》も角《かく》、一度も倒されたことがなくて立っている者は、倒れたときに如何にすべきかを知らないであろう。彼はまだ未熟である。

倒れて、再び起き上がった人は、倒れないで今まで来た人よりも偉大である。

未だ嘗《かつ》て敗れたることなしと誇った日本人は、倒れたときに如何に起き上がるかを知らない無知の国民であったのである。一遍《いっぺん》倒れて再び起き上がったときに、日本人は以前よりも深い体験を積んだ国民となったのである。

吾人《ごじん》の価値は、未だ一度も倒れたことがないということではなく、幾度も倒れながら再び起き上がって、そのために多くを学び魂を磨き、且《か》つ鍛えて来たことである。それと同じく諸君の価値も未だ一度も倒れなかったということではなく、倒れながらも再び起き上がってそのために多くを学び、そのために多くみずからを改善するということである。諸君の仕事は倒れた体験から多くを学び、一層多くみずから改善するであろう。倒れるということも前進である。倒れたままで失望するのでは値打ちがない。倒れた瞬間にすぐ起き上がって光明に面するのが生長の家の生き方である。

事物の奥にある理念

吾々《われわれ》が復興するためにはもっと哲学を持たねばならない。現在吾々の失敗の根本は哲学の欠如にある。吾々の失敗は科学精神の欠如が敗因のように思われているけれども、科学精神の根本はギリシアの哲学的精神――知識のために知識を愛する精神――から来ているのである。「知識のための知識」精神は現実に捲《ま》き込まれないで第三者的立場に立って事物を静観する余裕のある精神である。囲碁に「傍目八目《おかめはちもく》」という諺《ことわざ》があるが、第三者になって事物を静観してこそ本当のことが判るのである。哲学は此《こ》の静観の智慧《ちえ》である。

事物の奥に理念があり、理念こそ真実の実在であるというクリスチャン・サイエンスやニューソートや生長の家の思想の出発は、ギリシアのプラトンの哲学に見出されるのであり、すべての物質は原子の集合体であるという近代科学は同じくギリシアのアナクサゴラスの哲学に発するのである。哲学は科学精神の母であり、又同時に宗教精神の父である。アメリカの偉大さは、プラトン哲学の理念を言葉の力によって実際生活に実現する方法を案出したと同時に、アナクサゴラスの哲学原理を、原子力応用にまで発展せしめた所にある。アメリカ精神に於《お》いては哲学と宗教と科学とが渾然《こんぜん》と融合したのである。日本のように科学が宗教を排斥し、宗教が科学を蔑視し、哲学や宗教で「科学の領域の人間の肉体」の病気が治ったりすることを迷信であると排撃したりはしなかった。メタフィジカル・ヒーリング（哲学治療）は同時にメンタル・サイエンスなる科学であった。あらゆる科学と宗教と哲学とが、実際生活に利用せられたのがアメリカの強さである。アメリカは経済的殷盛《いんせい》にも、精神科学や哲学の応用が企てられているのであって、不景気時代（Hard times）の神癒（Divine Healing）や、哲学治療《メタフィジカル・ヒーリング》などの名辞さえある位である。最近わたしは『繁栄と健康』（日本教文社発行）の本に「無限供給の黄金律」を書いたが、私はもっと経済界も哲学的に真剣になってくれることを希望し、人間の価値についての哲学的考察や、唯物論に対する哲学的批判などが盛んになることを希望する。そして真に人間存在の意義を把握し、真に価値ある生活を送って下さらんことを念願する。これこそが人間再建の根本となるところのものである。

ジョージ・ミウラー博士は天候さえも自分の祈りによって左右したと言われている。或《あ》る時博士が講演に招かれて船で大陸へわたらねばならぬことがあった。折柄《おりから》の濃霧が海峡を遮《さえぎ》って、船は一歩も進むことが出来なかった。船が遅着《ちちゃく》すれば講演に間に合わない。博士は船長を船室から呼んできて自分の部屋の床の上に坐《すわ》らせた。そして「霧の霽《は》れるように一緒に祈れ」と言った。船長は此《こ》の船客は気が狂ったのかと思った。しかし暫《しばら》く祈ってから眼を開いたミウラー博士は「甲板に上がって見よ。もう霧は霽れている」と言った。そして二人が甲板に上がって見ると、もう霧が霽れているのであった。これが「芥子種《からしだね》ほどの信仰」であり、本当のキリスト教であり、イエスが暴風を鎮《しず》めたる宗教であり、その宗教を、学的に解説し利用出来るようにしたメンタルサイエンスである。日本人ならば、それを目《もく》して迷信であると言うであろう。本当の科学も知らず、本当の宗教も知らず自分の理解出来る範囲内のことのみを科学と考え、それ以外のことは皆迷信視して、頭から謙虚な心で研究しようとしない心が日本の科学精神であった。されば一科学者が原子爆弾の研究を提議して見ても、「そんな夢のようなことに研究費は出せない」と拒絶したのが日本の科学精神であった。アメリカは夢の中にこそ、理念の中にこそ真実の存在があることを知り、アナクサゴラスの原子的世界観と、夢を現実にするプラトン的哲学とを同時に実践化し、原子力としつつあるのである。アメリカでは科学と宗教と、哲学と、唯心論と唯物論とが手をつないでいることを見る。

後篇　叡智の断片

叡智の断片

人間解放の根柢《こんてい》には「人間は神の子であり、それ自身独立した完全なる人格をもち他から何ものにも侵害されない独立の主権があるものである」という自覚がなくてはならない。

○

「病気」や「貧乏」などというものに縛られていては、いくら外から形で「自由」を与えられ、天分を公平にしてもらっても、決してその人は真の意味の自由を得ることは出来ないものである。先ず内からの束縛を破って、「病気」や「貧乏」から絶縁しなくてはならない。

○

人間は宇宙の一つの模型であると見ることが出来る。この意味に於《お》いて宇宙は「大宇宙」であり、人間は「小宇宙」である。そして人間の発する「言葉」は、大宇宙に充《み》ち満ちている「言葉」の模型である。それだから人間を研究することによって吾々《われわれ》は大宇宙の構造を知ることが出来るのである。

◯

人が静かに眠っている時に発する「スー、スー」ということ、ば、にならぬ前のこ、と、ばが最初のことばであり、そのままの言葉でありそのままの生命《いのち》のひびきである。それはすみきりの「ス」であり、す、べ、ての「ス」であり、す、き、と、お、りの「ス」であり、すべてが一つに統一されて乱れざる「ス」である。

ヨハネ伝に「太初《はじめ》に言《ことば》あり、言は神と偕《とも》にあり、言は神なりき」とある創造の最始源の言葉はこの「スー」の言である。

◯

「スー」というのは精神統一して宇宙の寂《じゃく》と一致したときの言である。この時にもう病気はない。心のみだれが病気である。

○

吾々の体内に巣喰う黴菌《ばいきん》は、吾々が攻撃的気分になるとき攻撃的となり、温和な気分となるとき温和となる。吾々が円満完全な心となるとき、黴菌は何ら吾らを侵すことは出来なくなるのである。

○

他人が喧嘩をしているのを見るのは、自分の心の中に喧嘩があるから見るのである。自分の心の中に喧嘩がなくなれば、他人の喧嘩も消滅する。私に対して遠隔思念をして病気を癒してくれと言って来る人があるのは私の心の中にまだ病気があるからである。

○

自分ひとりが浄まったなら、世界は浄まるのである。自分の心がきよまらざる故に世界はきよまらないのだ。自分の心をきよめることによって、全世界を浄めることが出来るのである。

○魂の切なる願いは、かならずかなえられる。というよりも、既にそのことがかなえられているが故に、それが切実な欲求となってあらわれるのであるとも言える。

○全ての病気はある意味に於いて「自虐症」である。罪ありと信じて、自分で自分を虐待しているから起るのもあり、或《あるい》は病気している方が、良人《おっと》に可愛がって貰《もら》えると思って自虐しているのもあり、家族や、同僚に同情されようと思って自虐しているのもある。

○すべての自虐の原因を去る時すべての病気は治る。人間は神の子であるから自主権をもっており、みずから許さないものは自分の中に入ることが出来ないからである。

○先ず自分は何処《どこ》に立っているかを考えて見よ。自分の我慾《がよく》の上に立っているか、神の御心の上に立っているか。脚下照顧。

○

自分が健康となり、お金が儲かりますようにと祈っている人が居るが、それは自分の我慾の上に立っているのである。神の御心を実現し給えと祈るのが本当に神の御心の上に立った祈りである。

○

吾々の心の奥底に、調和した世界を求める願いが起って来るのは、吾々の心の底で「既に調和ある世界」を体験しているからである。

三時になっておやつが欲しいと思うのは、吾々がすでに過去に於いておやつをたべた体験があるからである。

○

敗戦になっても困らない。馘《くび》になっても困らない。常に神と偕《とも》に生きている人にとっては、何一つ困ることはないのである。

○

一芸に秀でたるものは万芸に秀でる。それは一芸に秀でることにより、その才能が讃めたたえられることにより、其《そ》の他のあらゆる才能がのび出すからである。長所を見つけてほめたたえよ。さらばあらゆる短所は変じて長所となるのである。

○

心でつかんでいるから病気となるのである、不幸が来るのである。つかんでいる心を放て。あらゆるものが良くなる。

○

「何とかしてあの人を良くしてあげよう」と思っているのは、その人の中にある欠点をみつけているのである。その様な心で相手を見るかぎり、相手は決してよくならないのである。良くするも良くしないもない。相手は既に完全なのである。その相手の完全な実相をみて拝む気持ちになったとき、すべてはよくなる。

○

或《あ》る妻が良人《おっと》に向かって、「私が仕えようがわるいからあなたが他所《よそ》に女をこしらえたのです。みんな私がわるいのです」と言ってあやまったために、良人は平気で「お前の仕えようが悪いから、私は他所へ行くのだ」と一層良人の素行がおさまらなくなったという人があった。そういう「あやまり方」の何処《どこ》に間違いがあるかと言えば、良人というものは妻が仕えようが悪ければ、他所に女をこしらえるような不確かな存在だという、良人を卑しい存在として見ているところにあるのである。「良人は女をこしらえているように見えても実際はこしらえていないのだ」と実相を見るのが本当の観方である。

○

相手の人が自分を傷つけてくるのは、自分が害する心をもっているからであり、この「害する心」「争う心」が、色々な病気の形をとってあらわれるのである。

○

ドモリは、親をうらんでいる心から起る。うらみを解けば治る。

○

脚気《かっけ》は、古来俗説に「故郷の土をふんでも癒《なお》る」といわれている。

脚気は祖先の霊魂の迷いである。祖先の悲しみの念波が水気となり、それが身体の内部にたまってむくみとなるのである。だから祖先を祭って供養すれば治るのである。「癒ろう癒ろう」と思う心は「癒らぬ心」である。それは我《が》の心で立とうとしているからである。

○

恩を他人《ひと》にほどこしても、その人から恩を返してもらおうと思ってはならぬ。恩とは善業《ごう》であって、すべての業は形にあらわれると消えるものであるからである。報酬を受けぬ恩が尊い。それは天の蔵に貯えられるのである。

○

神様は吾々の我の力ではどうすることも出来ないものである。神に対して無条件降伏せよ。

○

腹にガスがたまるのは色々の不平の思いを心にためているからである。

いつか尾道の鯛網をみせてもらった時、漁師が獲《と》っていけすに入れた鯛の腹に竹の串で孔《あな》をあけている。

「何故そんなむごたらしい事をするのだ」と問うと、鯛が獲られたのでおこって不平に思い、おなかのうきぶくろにガスをためるので、下腹が逆に上に浮かんで変な泳ぎ様をし、あちらこちらに頭をぶっつけて早く死んでしまうから、その浮袋に孔をあけてそのガスを出してやるのだそうである。鯛でさえも不平に思うと腹にガスもたまるのである。心が形に変る人間に於いても不平に思うとガスが溜ったり、ヒステリー球が出来たりする。

神の祝福について

神はすべての人に祝福を与え給う。しかし神はその祝福を享《う》ける事を強制はし給わぬのである。祝福を享けるも受けないのもただ人間ひとりひとりの自由である。しかし人間は、何時《いつ》しか魂の飢渇《きかつ》を覚え神の祝福を受けたく思わずには居られなくなるのである。かくの如《ごと》く、自然に腹がへって来て御馳走をたべたくなる如く神の方へ心が向いてくるように仕向けられるのが「摂理《せつり》」である。

○

本当に自分に与えられているものをのみ祈れ。それは必ず成就するのである。

○

祈るとは、心の世界に波長を起すことである。心に波長をおこさねば、既に与えられているものでも、現実に現れて来ないのである。

○

神は祝福を与え給うにも別に強制はし給わぬ。自由を与えてい給う。人間は本来自由なのである。

○

自分の願いを神のめぐみと一致せしめるためには、一度、「自分」というものをなくして、「神のめぐみ」のみにしなくてはならない。

○

豊かに与えれば豊かに与えられ、ケチに与えればケチに与えられる。神に対して全生命をすてれば神の祝福全体を受けることが出来るのである。

○

私が或《あ》る所で講演して、「金魚と水を入れた鉢と金魚を入れないで水だけ入れた鉢とを二つ用意して放置すると、金魚を入れた鉢には苔《こけ》が生じて自然に金魚の餌が出来るが、金魚を入れない方の鉢には何も生じない。神は金魚を生かす餌を自然にあたえ給う」という話をした。すると、それを批評して或る人が、「金魚を入れた鉢に自然に苔が生えるのではない。金魚が自分のひれの間に苔の胞子を抱いていて、その胞子が苔となって繁殖するのだ」と言ったという事であるが、それは結局金魚は自分の鰭《ひれ》の間に神から苔の胞子即《すなわ》ち食物の本《もと》を頂いているという事である。

この事実の中には非常に深い暗示がひそんでいる。「すべての生物は自分の脇の下に食物の胞子をいだいている」ということである。如何《いか》なる人間も、生れて来るからには、すでに生活に必要な食物・住居・衣服を自分の脇の下に抱えて出て来るのである。既に人間は祝福されているのである。凡《すべ》てがそなわっているのである。ただそれを知り、それを見出しさえすれば何物でも得られるのである。人間の心さえ神の心にかなうならば、吾々《われわれ》は神の祝福の波と一致し、何一つ不自由する事はないのである。

○

三島の或る夫人の話であるが、空襲があって自分の家の周囲が猛火に包まれ自宅がいまにも焼けそうになった。その方は子供さんと共に避難し、良人《おっと》がひとり家にとどまっていたのである。遠くから家を見ると、もはや家は煙につつまれてしまっている。けれどもその夫人は子供と共に神に祈った。すると奇蹟が起った。風向きが急にかわり、塀まで焼けていた家が不思議に助かったのである。家にかけつけて良人に自分達がいのった事、神の助け給うた事を語ると、良人は、「火は自分がふせいだのだ。この眉毛を見よ。眉毛がこげるまで自分がふんとうして、やっと火をふせぎとめたのだ」と言った。しかし、その家は其《そ》の後の空襲によって灰燼《かいじん》に帰したのである。自分の力で焼けぬものならその次の時にも焼けぬ筈《はず》だったのである。何事も、わしがわしがと思っている人よ。人間だけに委《まか》せて置いたら何が出来るか。

○

モーゼは一族を引きつれてカナンに入ろうとして曠野《あらの》をさまよっていた。水がなくなったので、モーゼが杖をもって岩を叩くと水を噴き出した。それは神が水を与え給うたのである。しかるにモーゼは「われ我が力にてこの岩より水を噴出せしめん」と言ったので、神はモーゼ達をして長く曠野をさすらわしめ、約束の地カナンへ入れ給わなかったのである。

○

天は高く地は低く、天に太陽輝き、地に水分潤う。陽気を受けて、地にものが育つのは永遠にかわらざる真理である。

○

神は法則であると同時に人格である。人格に対して波長を合わせる為には、人格的に神によびかけることが必要である。「既にすべては与えられている」のに、何故「何々を与えたまえ」と祈るのかときく人があるが、これは、幼児は何も母に訴えなくとも与えられるが、「お母ちゃん、お乳頂戴」と母の膝にすがりつくことによって一層「人格的愛情」の実現を見るようなものである。人格的な神の愛に対しては人格的な愛を以って波長を合わせるのでないと、ぴったりと合わないのである。だから我々は一日のうちの幾《いく》ばくかの時間は、神と人格的に対面する時間を持たなければならない。しんみりと、親子が対面する様な感情的な神とのつながりの時間が必要である。それが神想観《しんそうかん》の時間である。

○

物質が或る形を具《そな》えているという事は、その中の内部エネルギーがかくあらわれているという事である。内部エネルギーが全てである。固定した「物質」などは何処《どこ》にもない。普通の概念で言う「物質」は無いのである。物質の内部には分子の永久運動があり、分子と分子とが常に運動し撥《は》ね返り衝突して永久にその運動が止むことがない。その分子の撥ね返りの圧力が物質の硬さとして感じられるのであって、実は運動の触覚である。

◯

普通、物質の機械的運動は抵抗や摩擦があれば停止してしまうが、分子の内部運動はエネルギーの補給がなくとも永遠につづいている。即《すなわ》ちエネルギーが自分でいくらでも補給し自発するのである。自分でいくらでも補給し、自発するエネルギーを「生命」と呼ぶ。

◯

生命の運動（波動）を「言葉」と言う。その運動の奥に自増《じぞう》不滅のエネルギーがひそんでいる。それは生命《いのち》のエネルギーであり、いのちのコトバである。万物は凡《すべ》て、このいのちの波から成り立っている。いのちの波が変化するとき万物は様々に変貌するのである。

◯

此《こ》の世に恐るべきものは何一つない。善にして完全なる神が支配するからなのである。若《も》し仮りに恐るべきものがありとせば、それは「自分の心」である。自分の心に如何なる想念を書くかという事によって此の世界の姿が変る。「心」は、実在しない不幸や病いでさえも、実在するかの如く描き出し其《そ》れを具象化するからである。

◯

ホルムス博士の本の中に次の様な患者の例が出ている。彼は自分の胃袋の中にトカゲが住んでいると主張して譲らないのである。胃液の中ではトカゲは生存する事は出来ないのだと、いくら説明してやっても、彼は、自分の胃の中のトカゲはもう胃液に免疫になっているから、ちゃんと生きていると主張するのである。そこで医者は仕方がないから、そのトカゲを手術して出してあげましょうと言った。クロロホルムで患者を麻酔させてから、少しばかり胃のところの皮膚を切開して、恰《あたか》も胃の手術をしたかの様にみせかけ、患者が目覚めた時フラスコの中に用意してあった別の本物のトカゲを見せて、この通りトカゲを取り出しましたよと説明してやった。患者は納得して、その病気はただちに癒《なお》ったという。

○

此《こ》の様に面倒な手術をしないで、患者にトカゲは居ないのだ、病気は無いのだと悟らせる事が出来たならば、これに越したことはないのである。その役目を果たすものが「宗教」である、信仰である、神を信ぜしめる事である。如何にして信ぜしめるか。それは、神が完全なる事、神のつくりたまうた世界に不完全なものは何一つ存在しない事をさとらしめることなのである。

道場雑話

生長の家の根本の教えは、戦争反対である。「七つの灯台の点灯者」の神示には「汝《なんじ》ら天地一切のものと和解せよ」とあるし、「天地万物との和解が成立せねば、神は助けとうても、争いの念波は神の救いの念波を能《よ》う受けぬ」と示されている。又「神が戦いをさせているのではない。迷いと迷いとが自壊しているのである」とはっきりと『生命の實相』第二巻集録の神示には戦争を否定しているのである。大東亜戦争前に、生長の家誌友紫雲荘《しうんそう》の橋本徹馬氏と、久保久治氏とがアメリカにわたってアメリカの政界の重要人物と接衝《せっしょう》して、なるべく平和に事を解決しようと努力したのも「汝ら天地一切のものと和解せよ」の精神に基《もと》づいたものである。不幸にして橋本徹馬氏はアメリカから帰朝すると和平論者であるとして憲兵隊に捕えられ、忍びがたき苛酷の取り扱いを受けたが、神想観して心の中で憲兵と和解することにした時橋本氏は釈放されたのである。（佐藤儀蔵氏の談による）

○

広島にいた或《あ》る人の話であるが、その人は平素妻と仲がわるく、病気で寝ていた。或る日妻と言いあらそいをして、むしゃくしゃして、今までも病気で欠勤を続けていた会社だから出なくてもよいのに、その日にかぎって出勤した。するとその日、原子爆弾が落ち、その人は中心地帯で強烈な放射能の被害を受けたのである。其《そ》の後夫人は郷里に疎開したが良人《おっと》はそのまま広島に止《とど》まり、原子爆弾敗血症で死んだ。夫婦喧嘩のあらそいの念波が、彼を原子爆弾炸裂の中心地に引きつけたのである。

○

この人には二人の子供があり、長男はそれ以来鼻血になやまされ、次男は脱肛痔《だっこうじ》で苦しんでいた。ところがその後、夫人は生長の家の教えに触れ、良人と和解していなかった、すまない事であったと気がついて、良人の霊前で良人の名を唱え『甘露の法雨』を読誦《どくじゅ》して良人を供養し良人と和解した。すると、それ以来、二人の子供の病気は、すっかり消えうせてしまったという事である。

○

佐世保の田中すず子さんは、生長の家へ入る前までは、「自分が死んだら良人が困るだろう、いい気味だ」と思っていた。するとその思いの通り自分が病気になり、それが次第に悪化して、全然病床から立ち上がることも出来なくなったのである。そのうち息子が鉄棒体操で、手が滑って落ち右手の撓骨《とうこつ》が折れて肉を押し出して脹《ふく》れ上がった。その時、或る人から「あなたは良人をふみつけている。子供の右手はあなた自身をあらわしているのです。あなたが良人の言う通りに動かないから、子供の右手が折れて動かなくなったのです」といって、生長の家の教えをきかされ、はじめて自分がわるかったと気付き、即座に病床を立ち上がったのであった。その子供の骨折もそのまま正しい形に旧位に復したのである。

○

大宮から来た或る青年が次の様な体験談を発表した。彼は母と弟と三人でくらしていたが、昭和十一年二月二十六日、牡丹江《ぼたんこう》飛行隊に入隊してのち、彼の留守宅にはどこからともなく『生長の家』誌が毎月送りとどけられるのであった。母は息子を神に全托する愛の祈りを以ってたえず神に祈りつづけていた。その念波は常に遠く満州に居る息子を守りつづけていたのである。現役兵で入隊した彼は伍長にまでなったが、どうしても志願して幹部候補生になろうとしなかった。内務準尉が二日二晩志願する様にとせめたがどうしても志願しなかった。それが昭和十三年七月頃、どうしたものかつい志願をする気になったのである。そしてその結果彼は所沢飛行整備学校入学の命をうけて内地に還ったのである。するとその直後、ノモンハン事変が勃発し牡丹江部隊は出動し、嘗《かつ》ての戦友は大部分戦死してしまったが、彼は幹部候補生へ志願する時期が適当であったので戦死の不幸を免《まぬが》れたのである。其の他彼は満州で飛行機にのり急降下爆撃演習中、一四式信号拳銃が天蓋《てんがい》からとび出して地上に落ちた事がある。大切な秘密兵器を紛失したというので、一ヵ月外出禁止、勅諭《ちょくゆ》謹書《きんしょ》の処罰を受け、中隊全部で捜索したが、結局みつからなかった。いよいよ正式の処罰を受けねばならぬという時になると、不思議に一人の満州人がその拳銃をひろったと言って持って来てくれたのである。又或る時は満ソ国境で地上部隊と機上とで連絡演習を実施中、暗号文字の手帳を風に吹きとばしてしまったのである。ただちに憲兵隊が出動して二週間ぶっつづけに捜索してくれたが、どうしてもわからない。いよいよ自分は監獄に入れられ、部隊長も責任を問われて処罰されねばならないという事になり、その手続きをとる直前、関東軍の本部から「旧暗号は新暗号に変ったから前の暗号帳を破棄せよ」という通知をうけたのである。自分はどうしてもこれらの奇蹟的な救いの手は、母が内地から送ってくる愛の念波のたまものであるとしか思えない——その青年は語るのであったのである。何事も、神と一体の心境でいれば、困難は向こうから解消する。

○

神戸の講習会で、或る人が体験談を語った。或る日その人が八卦見《はっけみ》に見てもらうと「貴方は火性、奥さんは水性で、とても仲がわるい」と言われたので、それが何時迄《いつまで》も心に引っかかり、毎日夫婦喧嘩の絶え間がなかった。ところが、生長の家の教えをきいて以来、天地はすべて火性（陽）と水性（陰）とが結合して、つくり出されたものであって、火性と水性位《くらい》仲のよいものはないという事を知り、自分達夫婦は本当に一体なのだという自覚に目醒《めざ》め、それ以来夫婦の仲がよくなったという事である。これによって観《み》ても、夫婦の仲も自分の思うようになるのである。

○

わしのものというものは一つもないのである。「わしの妻」もなく、「わしの良人《おっと》」もない。みんな神様のものである。すべてが一つの生命《いのち》に融け合った時、何事もすらすらとうまく行くのである。

○

つねに神にいのって「神の智慧《ちえ》を流れ入らしめたまえ」と念じ、「我が思い着くことはすべて神様が思いつかせて下さる事である」と気のついた時、彼の現在意識は潜在意識と一致し、宇宙意識にまで通じ、彼の思う通りの事が出来るようになるのである。そこには「自分」というものがなく、「神がほしいと思わせる物を自分がほしいと思う」のであるから、彼の望みは必ず成就するほかしかたがないのである。

○

現象はどんなに不快に見えてもみなうそである。現象を否定して実相の完全さを諦視せよ。

○

乳児は親の母乳の成分と自己の肝臓に貯蔵する成分で栄養が足りなくなる頃になると、はじめて歯が生えはじめるのである。その時の赤ん坊の唾液は成人の唾液と殆《ほとん》ど同じ消化力を持つ。赤ん坊は体外から普通の成人の食物をとって、今まで肝臓から補われていた成分を食物から摂取する事が出来るようになるのである。神の計画は体の内外をとわずすこしの手落ちもなく完全に準備されているのである。

○

佐々木流道博士曰《いわ》く、「ネズミに或《あ》る量のビタミンCを注射すると、十二指腸に胆汁の分泌が抑制される。そこへ蛔虫卵《かいちゅう》を送り込むと、蛔虫卵は完全に孵《ふ》化《か》する。そして蛔虫の幼虫が、横隔膜をつらぬき、肺臓に入り、そこで成虫となり、再び腸にかえって来る。それはネズミでも、にわとりでも、十姉妹《じゅうしまつ》(小鳥)にしても、蛔虫は同じような経路を通るのであって、眼もなく触手もない蛔虫の幼虫がかくの如く正確な経路をとるのは、単に偶然であるというにはあまりにも不思議である。そこには、眼なくして見ることの出来る智慧がはたらいていると考えざるを得ない」

○

蛔虫でさえ自己の内に、眼なくして見る神の智慧が働いているのである。況《いわ》んや人間に於いてをやである。人間のうちには眼なくして見て内臓の故障を内部から修繕する不思議な神の智慧が働いている。人間の構造がどの人種も一定であるのは偶然に人間が出来たのではなく、一定の設計になっている——換言すれば神の智慧によって目的性をもってつくられている証拠である。

日本人のみが神の子であり、アメリカ人、ヨーロッパ人、インド人など外人は神の子でないと考える者は、創造主《つくりぬし》の御心を知らぬ者である。創造主《つくりぬし》である神は、凡《すべ》ての人類を神の子として一様の設計につくり給うたのである。その創造主《つくりぬし》なる神に、或る国の人だけ沢山《たくさん》殺して、日本人だけを助けたまえと祈っても、その様な祈りがききとどけられる筈《はず》はないのである、神にも色々の種類がある。それに従って祈りのかなえられる限度というものがある。楠正成公や和気清麿公の霊魂《みたま》をまつった神社に、飛行機の問題など祈っても、その霊魂《みたま》の幽身《かみ》様は「飛行機など見たこともない」と言われるであろう。

また創造主なる神の化身《けしん》（方便身《ほうべんしん》）として顕《あら》われ給うた阿弥陀如来、観世音菩薩等に、日本人のみを生かし、敵国人を殺したまえと祈っても、それは同じ創造主の造り給うた神の子の兄弟が相殺戮《さつりく》し合おうという願いであるから、かかる祈りがきかれる筈はないのである。愛にそむく祈りはきかれない。

〇

「祈《いのり》」とは「生命《いのち》で宣《の》べる」事であって、心の底深くに念ずる想いが祈りである。かならずしも神仏の前に平身低頭する事ではないのである。

〇

一粒の樫の実が地に落ちて、大きな樫の大木となる間には、何回も冬を経て、冬枯れのわびしい状態を経過しなければならないのである。冬枯れの奥に実相の生命を見る者は幸いである。

グレン・クラーク教授の所へ或る女の知人が「三千ドルほしいから自分の家を売りたい。しかし値が高いと言って誰も買い手がつかないから、あなたお祈りして下さい」とたのんで来た。そこでクラーク氏は彼女のために祈ったのである。すると或る日数百哩《マイル》も隔てているところにいるクラーク氏の知人がやって来て、「自分はこの近くに赴任して来たから家がほしい」と言うのである。そこで前の女の人の家が三千ドルで売りたいと言っていると言ってその実物を見せると、「この家は丁度《ちょうど》自分ののぞみ通り設計の家だ、三千ドルでは安い、すぐ買おう」という事になった。かくの如《ごと》く、宇宙は一つの意志によってつながっているのであるから、或る人が売りたいと思う時にはかならず、誰かほしいと思う者が何処《どこ》からか出て来るのが本当であり、数百哩、数千哩を隔てようとも必要のものは御心によって引き寄せられるのである。宇宙の心と一つ心になって祈るとき、その祈りは必ずききとどけられるのである。

吾々《われわれ》は愛のために或《あ》る事を成就せしめ給えと祈る時、その祈りは一番よく成就するものである。何となれば「神」は「愛」であるからである。

○

虚栄心を満足せしめる様な祈りは、神はききとどけ給わないのである。他人を叩き倒し、又は他の人の犠牲に於いて自分の幸福を得ようとする祈りはききとどけられないのである。

○

或る剣道の教師は「剣道とは人をやっつけるものだ」とおもっていた。ところが或る日中山博道先生の剣道の極意書を見ると、「剣道は敵なきを以って極意となす」と書いてあったのである。この剣道教師にはその意味が、当時はっきりとのみこめなかった。其《そ》の後、この教師は『生命の實相』巻頭の和解の神示をよみ、敵がないのが実相と知り、無敵の心境というものを悟ることが出来、剣道の技が数段と冴《さ》えて来たのであった。

○

キリストは目あきに向かって「汝《なんじ》らに見ゆという罪は残れり」と言って、眼に見えるものをありとして執着することをいましめ給うているのである。「見ゆ」と言う者には見えず見ざるに見る者のみ、実相完全の姿を見ることが出来るのである。

○

汝ら常に眼をひらきおれ。これは実相を見る眼のことである。

○

松江の講習会の時内藤雄二《ゆうじ》という人が体験談をのべた。この人は結核性の眼疾《がんしつ》にかかり片方の眼球が、だんだん腐って膿血滴々地《のうけつてきてきじ》となって行くのである。一畑《いちばた》という所にある薬師瑠璃光《るりこう》如来に日参したが一向に癒《なお》らぬ。ところが或る日『生命の實相』を読み、今迄《いままで》は自分の外に瑠璃光如来という仏様が居て、その仏様に癒してもらおうと拝んでいて、自分と如来とが分離していたということに気がついた。実は瑠璃光如来とは自分の内に内在するものであり、自分が瑠璃光如来そのものである。自分ははじめから眼も悪くなく完全な仏であったと悟った。するとこの人の眼疾は完全に癒えてしまったのであった。

○

松江の講習会の時、生長の家教化部の某講師が、二十歳位の全然失明した娘さんをつれて来た。この娘さんは誌友でも何でもなかったが、眼が全く見えなかったのを悲しんでいる話をきいて可哀相《かわいそう》だと思って講習会に伴って来たのである。講習会の第一日及び第二日目を聴き、二日目の夕方、吉田講師の指導のある誌友会に行こうとして、その講師に手をひかれて街を通っていると突然「アイス・キャンデー」とその娘は叫んだ。何事かと思ってみると、彼女は向こうにあるアイス・キャンデー屋の広告を読んでいたのである。その時以来、彼女の眼は開いたのであった。この娘はその講師の体験談発表中、敬虔《けいけん》な態度で合掌して立っていた。

○

福山の講習会でこんな体験談を言った人がある。その前に尾道の講習会で私の妻は眼帯をかけて聞いていた。妻は眼の仏様（瞳孔）に星が出来、全然眼がかすんで見えなくなっていた。二日目の講習の日には自壊作用で眼がうずいて出席出来なかった。三日目にはやや痛みがおさまったので出席したのである。ふとしたハズミに眼帯が横にずれると、見えない筈《はず》の眼が見え出したのである。講習がすんでから、眼の仏様に星が出ているのは、祖先の仏様をまつる事をおろそかにしているからであるという事を知らされたので、『甘露の法雨』を毎日、仏前であげることにした。すると講習会後三日目には全然瞳の上の白い雲が晴れてしまって、視力は最高の完全さに回復したのである。話した人は横山勇君という人である。

○

浜田の地方裁判所の判事本田武蔵さんの奥さんに導かれた婦人の話であるが、この婦人の良人《おっと》は睾丸炎にかかり精子がない。奥さんは子宮後屈《こうくつ》症であって、医学的に言えば、どちらも決して子供を産むことが出来ないと診断されていた。しかるに生長の家に入ってから、結婚後十八年目にはじめて奇蹟的に妊娠したという事を知ったのである。産科の医者に見てもらうと、子宮外妊娠だから即刻手術して出さぬと生命があぶないと言う。本田夫人に相談すると、「当り前なら妊娠しない子が妊娠したのは神様が宿された神の子であるから、神様の無限の智慧におまかせしたらよい」とおっしゃった。それで自分もその気になり、無事妊娠八ヵ月にまで育ったのであった。そこで前に診《み》てもらった医者とは別の産科の医者に見てもらうと、「子供の位置は子宮の内に来ているが子宮筋腫がある。早く人工早産をしないと助からぬ」というのである。そこで又々本田夫人に相談すると、前と同じく、「神様におまかせしなさい」と言われた。そこで此《こ》の婦人はとうとう、本田夫人の言う通りに、神の無限の智慧、無限の愛におまかせする事に決心したのである。そしてすべてを神様にまかせ切った時その人は無事に男児を分娩する事が出来たのであった。しかもそれは、無痛分娩であったそうである。人間の生命とは、まことにはかり知ることの出来ない程の神秘なものである。

○

神がはじめて人間をおつくりになった時には、地球のどこかに卵巣だけ先ず造ってそこから人間をおこしらえになったとは考えられない。神様は何もないところから生命《いのち》の響きで、言い換えると「コトバ」によって人間を創造《つく》り出し給うたのである。

○

或る肺病患者がいた。この人は一時間に何回も喀血《かっけつ》をする様な重態であった。何とかして喀血を止めようと思うのだがどうしても止まらない。ところが或る時顔におでき、が出来たのである。それが膿《う》んできたので、指の先で強く押ししぼり出すと、はじめは膿が出て、それから血が出た。そしてやがて血も出なくなった。いくらしぼり出す様にして押えて見ても、少しも血が出ないのである。その時、この人は、血というものは、必要なだけ出たら、自然にとまってしまって、それ以上はいくら出そうとしても出なくなるものであるという事に気が着いたのであった。喀血も同じことであって、或る程度より以上には決して出ないものである。彼はその様な安心に到達したのであるが、この時以来、彼は喀血を少しもおそれなくなり、おそれなくなると同時に喀血は止まり、身体の調子がずんずんよくなって、終《しま》いにはその肺病を完全に克服したのであった。まことに喀血は恐怖心のあらわれであったのである。その後彼は満州に渡り、零下何十度という極寒《ごっかん》の地で大いに活躍したが、身体は益々健康であったのである。

○

出血は、或る程度出たら自然に止まるものである。それが止まらないのは、恐怖心を起すため、血管が弾力を失い、血管の自然の収縮力による止血作用が不可能となるからである。犬などは恐怖心がないから大腿部の大動脈を汽車にひかれて切断されても、唯《ただ》、舌でなめるだけで止まるのである。

○

出血がとまらないのは、人の恩をわすれて、恩を捨て去る気持ちのときにとまらぬことがある。

○

尼崎の原義一という歯科医は、抜歯の時、或る特異性体質の患者では、どうしても歯を抜いたあと、止血しないで色々と困ったことがあったが、生長の家を知ってから、患者に対して、「歯を抜いて血が出るのは悪血《おけつ》が出るのだから、出るだけ出したらよいのですよ」と安心するように言いきかせる様にした。それ以来誰一人としていつまでも血が止まらないで困る様なことは起らなかったのである。

◯

他人を切りつける様な性質の人、審判《さば》き心の強い人、有り難いものを有り難いと思わぬ人は、血の出る病気にかかるものである。例えば、喀血、吐血、月経過多、痔出血等がそれである。

◯

血液中の赤血球と白血球とは夫婦を象徴する、夫婦間の不調和が、赤血球と白血球との乱れとなってあらわれるのである。白血病とか紫斑《しはん》病とかはそれである。

◯

比叡山で講習会をした時、和田さんという奥さんがおなかのふくれた娘さんをつれて来られた。その娘さんは近く結婚しようというのにおなかがふくれ出したのである。それは妊娠したのではなくて子宮筋腫なのである。ところがそのお母さんには奇妙な病気があって、猫を見るとかならず定《きま》って喘息《ぜんそく》が起るのである。そのために阪大の某医学博士は、猫の細かい毛がとび立って、それが空中に浮遊して人間の気管支を刺激して喘息を起させるという論文を発表したことがある位であった。私はその母親の精神を分析した結果、夫婦間の不調和がその喘息の原因であることを発見した。何故その婦人は特に猫を見ると喘息が起きたかというと、その奥さんの良人《おっと》は呉服屋さんであったが、その良人は妾《めかけ》をもっていた。或る日偶然に本妻が妾の家に行って、その妾と対面したのである。この奥さんは妾の顔を見たとき、ゾーッといやな気がしたと言うのである。この時、妾の膝の上に、猫が丸くなっていたのである。それ以来奥さんは猫を見ると、喘息の発作を起す様になったのであった。そしてその夫婦間の不調和による精神の塊《かたまり》が娘の子宮にも影をおとして、子宮筋腫となってあらわれていたのである。色々と生長の家の話を聞いてこの人は遂《つい》に良人をゆるす気持ちになった。その時、喘息も娘の子宮筋腫も癒《なお》ってしまったのである。

○

相手の神性を信じて放すところに、実相の完全なすがたがあらわれ出るのである。

○

じめじめした所に黴菌がわく様にじめじめした心でいると黴菌がわき、病気にかかる。心の土用干しが必要である。心に太陽をさしこませることが、大切である。ほがらかに笑うことが大切である。

○

従来の家相は家の輪廓《りんかく》が如何であるかということに重きを置いていたが、本当の家相とは、家の中に如何に道具をおくかという事で定められるのである。その道具を如何に置くかという事は、その家に住む人の心の持ち方で如何様《いかよう》にでも変えることが出来るのである。人間の人相も顔の道具の位置で変るのと同じである。

○

イエスがラザロの死にたるを見て、よみがえらしめ給うた時の記事をよむと、如何《いか》にしてイエスが癒しを行ない給うたかということがくわしくわかるのである。イエスは先ず、ラザロの家族の者がラザロの死をいたみ泣き伏している姿を見て心を傷《いた》め悲しみ給うたのである。聖書には「イエス涙をながし給う」と書かれている。本当にその人の悲しみを自分の悲しみとして見ることが出来なければ、ひとを悩みから救うことは出来ないのである。彼と我れとは一体なのであるから、彼の苦しみを自分の心のうちに先ず引きとって、「ああ、可哀そうだ」としみじみと涙を流す位にならないと本当の癒しは成就しない。

汚れものを洗濯しようと思えば、いつまでも汚れものを押入の隅につっ込んで置いたのでは何にもならないので、それを洗うためには先ず自分の手もとに持って来る事が必要なのと同じである。そしてそれから一転して、汚れ物を清らかな水で洗い浄めるのである。それと同じく、自分のうちにとり入れたなやみや悲しみを、清らかな生《いの》命《ち》の水で洗濯することが必要なのである。イエスは泪《なみだ》を流し給うてから、いつまでも心に悩み悲しみを止め給わず、一転して「死せるにあらず、眠れるなり」と、なやみもかなしみもない生き通しの生命の完全なる姿を観《み》られたのである。それが清き生命の水でまよいを洗い流すはたらきをなし、心で観る通りの完全円満な姿が現実にあらわれたのである。

吾々《われわれ》が神想観《しんそうかん》に入る前にも、かくの如《ごと》くして、ひとのなやみを自分の中にとり入れて、しかるのち神想観に入ってからは、相手の病気のことなど思わず、唯《ただ》自己の心の内に神の子の完全な姿のみをながめる様にすれば、ひとのなやみや苦しみを癒すことが出来るのである。

○

「彼は悪いから、彼を拝んで直してやろう」と思っているかぎり、何時迄《いつまで》たっても彼は善くならないのである。何故ならそれは先ず、「彼が悪い」とみとめているのであるから、みとめている念力に支えられて、いつまでも「彼の悪」は消えないのである。

「彼を拝む」というのは、「彼の実相のかぎりなく善である事を礼拝する」のである。それはただ拝むのである。ただ彼の神性を尊敬する、ただ礼拝するのである。

○

磯貝貞夫氏が次の様な体験談を発表された。――自分は昔ホーリネス教会に通ってキリスト教の教えをきいたことがあるが、「女を見て色情をおこしたるは既に姦淫《かんいん》せしなり」という教えにひっかかり、牧師自身も大して禁慾生活をしていないし、自分にもそんなことは迚《とて》も出来ないと思って、教会から遠のいた。爾来《じらい》罪の自覚からして悪い運動に足を突っ込む様になった。そして何回も警察にあげられ、酷《きつ》い拷問にもかけられたのである。しかしその間、自分の母親はいつも神様を信じて、自分の事を神にいのっていてくれた。その愛念が廻向《えこう》してであろう、其《そ》の後九州へ行った時生長の家の教えにふれたのであるが、その時はどうしてもすなおに全部の教えをうけ入れることが出来なかった。そして、自分は商売をしている者であるが、どうしても生長の家の教え通りに「出せば出すほど殖《ふ》える」とは思えないで「出せば出すほど減る」と思えてならなかったのである。そして今年の四月にやっと外地から様々の苦労をして引き揚《あ》げて来たのであるが、今になってやっと、物質の中には幸福はない、という事をしみじみ悟るような気持ちになった。そして多くもない持ち金を全部さらけ出して借金をはらい、これからはただお客さんのために、お客さんを喜ばすためにのみ働いて、自分の愛と深切《しんせつ》とを出し切ろうと決心した。そして決してお金を儲けようとは思うまいと決意した。今までは、妻や両親を拝む気持ちになれなかったけれども先ず自分を拝むことからはじめようと、毎日鏡に向かって合掌し、自分の姿を拝んでいたらとうとう両親をも妻をも本当に心から拝むことが出来る様になったというのである。

まず自分を拝める心境にならなければ本《もと》がととのわぬ。自分を拝める心境は決して傲慢《ごうまん》な心境ではないのである。

◯

中山佐熊氏は長らく米国にいて生長の家の教えを信じていたが、戦争勃発と同時に収容され、ヴィクトリア州に拘禁《こうきん》されたが、ただもちものは『生命の實相』と『人生は心で支配せよ』(谷口雅春著作集第十巻、日本教文社発行)という本と少しの身の廻り品だけをもって行ったのである。昨年二月二十五日に米国を発ってやっと内地にかえる事が出来た。一生のうちで谷口先生にお目にかかれてお礼を申し上げる事が出来ようとは夢にも思わなかったが、それが実現して、こんなうれしい事はない――とお礼を言われたのである。アメリカには随分私に逢《あ》いたがっている誌友がいるということである。

○

辻氏は次の様な体験談を言われる――私は七月一日から中央市場魚河岸《うおがし》の占領軍住宅維持材料倉庫につとめていたが、或る日、野球の硬球がどこからともなく飛んで来て、右の眼球にぶつかり、眼鏡《めがね》をこな微塵《みじん》に吹きとばし、ガラスの破片や硬球の打撃で右の眼球がやぶれてしまって全然見えず、左の眼も視力が半減した。しかし不思議なことに少しも痛みを感じなかった。するとアメリカのサージャントがすぐさまかけつけて来てくれて病院につれて行ってくれた。そして外科で治療をうけたが、その時の外科的負傷は一ヵ月を要すると言われたのに、わずか四日間ですっかりよくなり、それから眼科の方に廻された。そこでは此の眼は全治までにどうしても三ヵ月はかかる、わるくして眼底出血が止まらねば失明するかも知れぬと言われていたのであるが、『生命の實相』と『甘露の法雨』を一所懸命で片眼でよんでいると、薬を全然やめたくなったのでそれをやめた。すると、やがて右の眼もいくらか見える様になった。しかしはっきり見えず、めがねを外すとかえってよく見えて、街をあるいてもかえって眼鏡を外していた方が安心であるという状態になったが依然として眼底出血は止まらなかった。しかるに今度の講習をうけはじめた時から、つまり今日から三日前から眼底出血がとれはじめた。そして、今日午前中に病院へ行って見てもらったら、完全に眼底出血が止まった、もう大丈夫だと医者は言った。私は元来剛情で、昔三十万円で私のために家をたててくれてもそれをこころよく受けず、又同じ人が五十万円やるから家を建てよと言われても拒みつづけて来た程、人の好意に眼をとざして来た男だったのである。今心の眼がひらいてほんとうにすまなかったと気がついたときに眼がよく見えるようになって来たのである――と言われた。

○右の手のどこかが痒《かゆ》いとき、右の手だけで掻《か》こうとしてもとどかない。左手に掻いてもらわねばならぬ。左手の痒い所は又右手に掻いてもらわねばならぬ。共存共栄である。

○健康を得る最良なる方法は、凡ての人のためにつくすという事である。わが身わすれて「日の寄進《きしん》」である。日の寄進とは、毎日、自分の労力を他のために持ち寄るということだ。

○おこる（怒る）の語源は「玉の緒《お》を凝《こ》らせる」事である。「玉《たま》の緒《お》」とは「魂魄《こんぱく》」即ち spiritual body のことである。凝るとは、こりかたまることである。いのちがこり固ると病気がおこる。

智慧の言葉

何事でも貧しいこと、近所界隈《かいわい》での面白くない出来事、家庭の小さな不愉快な出来事、そんなことを語る時間を出来るだけ少なくすることが必要である。人生での大きな浪費は、人生の消極面を、話し過ぎるということである。煙をもって煙を消しても、煙は更に渦巻くだけである。煙は無関心に放置すれば消えて行くものである。

○

愛語は魂の傷を包んで、その痛みを和らげる。

○

愛なしに見れば、すべてが欠点に見え、愛を以《も》って見れば、すべてが美点に見える。皆《みな》心の影。

○

どんな無能な人にでも、貧乏な人にでも出来る成功法は誰にでも深切《しんせつ》な微笑を与えることである。

○

富は人に分ち与えたら一時減るが、微笑は人に分ち与えても減るものではない。自分を利益《りやく》し、又他人を利益する。減らない富が微笑である。

○

叱言《こごと》はもう沢山《たくさん》、しかし叱言も必要な時がある。

○

月給取りはみずから生命を削って自己を養い、奉仕する者は与えても減らざる無限身を獲得する。

○

誠なき者は人間に非《あら》ず、誠が人間也《なり》。誠なき者には鉄鎚《てっつい》を下すべし。陰来《きた》り、陽来り、雨降り、太陽輝く。微笑のみに非ず、三十棒又六十棒、よく実相をあらわす大慈悲たることあり。形を見るべからず。天下ただ大慈悲に満ちたるなり。原子爆弾亦《また》大慈悲なり。

○

不機嫌は、顔にあらわすべからず、言葉に顕《あら》わすべからず。本来それは無きものなりと知るべし。一人の不機嫌者、全家族の雰囲気を害し、家庭を暗黒の世界に陥れ、近所の悪い噂全家族を不愉快の谷につき落とす。

○

不機嫌な女房を有《も》つことは一生の不作であり、呶号《どな》りつける良人《おっと》を有つことは一生の地獄である。即刻あらためることである。

○

喜べば喜びが来り、怒れば怒りが来り、憎めば憎みが来り、悲しめば悲しみが来り、人を審判《さば》けば自己も亦さばかれる

○

平和なるもの神の国を嗣《つ》がん。

○

野蛮な暴力は、優しい愛の力に及ばない。

○

荒れ狂う暴風の力は、優しい太陽の力に及ばない。

○

「心の角で自分自身を傷つけるな」尖《とが》った心、イライラした心は、自分自身の容貌《ようぼう》と健康と運命とを傷つける。

○

実相の円満完全さを心に描けば現象はどうあろうとも心に傷つくようなことはない。

○

或《あ》る人は人生を自分の心で酸敗《さんぱい》させ、或る人は芳醇《ほうじゅん》な美酒にまで醗酵《はっこう》せしめる。

○

与えたものだけが本当に自分のものとなる。自分のものだと摑《つか》んでいたものは奪われて役に立たぬことが来るであろう。

○

自利的行為は却《かえ》って自己破壊行為である。

○

求めに随《したが》って与え、求めに随って行き、求めに随って現れ、悪魔には叱咤《しった》し、物に執せず、愛を行《ぎょう》じ、智慧《ちえ》を行ずること自由自在ならば、即《すなわ》ち汝《なんじ》、正覚《しょうがく》を得たるに近からん。

○

仮定上の合理、不合理の上に立った合理は永遠の真理より見るとき唯《ただ》一片の空無のみ。

下向《げこう》しながら下向を知らざることエレヴェターによって下降する人の如《ごと》し。下向上の一支点より出発して向上せんとするも、唯下向《ただしたむき》に動力を加うるに過ぎず。

○

時間そのものの認識は「久遠《くおん》の今」の把握であり、今即《そく》久遠、久遠即今の現成《げんじょう》を「我」に視《み》ることである。過去現在未来を一時所に見ることである。普通人の「時間」と称するものは、時計の針のきざみの如く、空間に次第に重ね行く経過を「時間」と見るので、「生命」を空間化し、物質化して見るほかはない。それは「生命」の痕跡《こんせき》をただ追従するにすぎない。

○

哲学とは「物質」を解決するに「生命」をもってする学である。

○

何人《なんぴと》も自己の内に潜むところの「最善」を要求するような偉大なる仕事に満足して生きない限り、真に幸福になることは出来ないのである。

○
力を一杯出し切っていない者は退屈する。小人閑居《しょうじんかんきょ》して不善をなす所以《ゆえん》である。

○
人間は力を出し切ることによって、高められ、清められ、生命の聖化が行なわれる。

○
バルザックは「愛」(Love) と「情熱」(Passion) との区別を知らない者は「愛」を語る資格がないと言った。真の「愛」による「力の出し切り」のみが真に人間を聖化するのである。愛は感覚上の「好き」の問題ではない。魂の深い底から湧《わ》き出《い》ずる泉である。

○
愛より湧き出ずる聖泉のみ、此《こ》の沙漠のような地上を潤おすオアシスの水である。

○
労せずして悟りを得ようと思うのは、値を払わずして商品を得ようとする考えと同じく低卑なる慾情である。労しただけの悟りである。達磨面壁《だるまめんぺき》九年の事実此《ここ》に在り。

○

人間は既に救われている。而《しか》もその救われは労せずしては実現しないようにされているのは、神は努力の価値を重大に見給うからである。努力そのものに価値がある。それは生命の一大展開であるからである。

○

人間はすでに救われているという実相は、織物は既に店に並べられているというに等しい。それは既にあるのだけれども、価を払わずには得られないのである。

○

南無阿弥陀仏と称名《しょうみょう》すれば、唯それだけで救われるという絶対他力の宗教さえも、その教理を聞信《もんしん》するには相等の努力を要するのである。聞信に努力を要すると同時に念仏称名にも、それは易行《いぎょう》と雖《いえど》も相等の努力を要する。多くの念仏行者は、その境地に到達するまでに不断の努力を必要としたのである。

○

野の百合を見よ、つとめず紡《つむ》がざる也――此の境地に達するまでには、異常の精神的鍛錬を要するのである。

○

「無心・無我の境涯《きょうがい》」――その境地に達すれば実に楽《らく》であり、幸福であり、天の祝福おのずから備わる。ただし、その無心の境涯に達するために、多くの教祖は如何《いか》に修行したか。

○

努力し得たるもののみが本当に血となり肉となる。
悪銭身につかず、苦労して働いて得たる資産のみが真実の力となる。

○

幸福状態はただ与えられても、歓喜踊躍《かんぎようやく》は得られない。
悲しみを克服したる後の悦《よろこ》びこそ真に歓喜踊躍の悦びであるのである。

○

悪を克服したとき、真の善の価値がわかる。本来なき悪を、あるかの如く見せられるのは、この克服と努力とにより、善が愈々《いよいよ》輝くからである。油絵に影をつければ光の面が愈々輝き出すようなものである。

○

光は影によって、愈々ハッキリと浮かび上がる。健康を不断喜ばぬ者には、時々の不快によって一層ハッキリその貴さがわかる。

○

富士山は、頂上にばかりいても楽しくない。登攀《とうはん》の努力が楽しいのである。登攀は努力ばかりではなく、登るに随って周囲の眺望が変る。真理への登攀も、しばらく真理に対《むか》って暗中模索した後、忽然と心の眼界ひらけ、真理を一層ハッキリ想望し得た喜びは格別である。

○

配給されたる真理は、配給がやむと真理の空腹状態になるおそれがある。パンの製法を習って、一度見本を食べて見ても、二度目からは毎日自分でパンを焼くようにしなければ飢えるであろう。真理のパンも斯《か》くの如くである。

○

努力して得たる真理は永遠に生活の肉となる。配給の真理は、一時の肉となっても永遠の栄養とはならないのである。

パンは食べるときも幸福であるが、つくる時も幸福である。絵師は絵を眺めるときも幸福だが絵をかくときも幸福である。

○

真理は既にあり、しかも自己創造のものである。自己創造されたもののみが、その人にとって真の真理である。

○

真理は、天から降り灑《そそ》ぐ甘露の水のようなものである。それはいと高き山巓《さんてん》に降りそそぎ地下にかくれ、地上に湧き出で、谷川の水となり、岩に激し、いずこへか姿を消して、沙漠の下をくぐるのである。しかし真理は失われたのではない。それは旅人の咽喉を霑《うる》おすオアシスの噴泉となってあらわれる。真理を或る特定の人に、或る特定の時期に、一回限りあらわれて、後永久に顕われないものだと思ってはならないのである。それは谿川《たにがわ》にも池にも、噴泉にも、大河にも、小川にも、霧にも、雲にも、大海にもあらわれる。同一の人に啓示される真理も、時として大河の姿をとり時として谿川の姿をとる。人時処相応、時節時節にあらわれるのが本当の真理である。だからすべての宗教にあらわれた教祖の神啓は次の時代又は同じ教祖の次の時期の啓示に於いて、補足され修正されねばならぬ。

○

人類は一時代に必要なる真理を知らされる。真理は「一」であるけれどもあらわれは時代によって千差万別となる。真理は直輸入のみでは不可である。自ら悟って、それを人時処に応じて活用しなければならぬ。

○その人にとって適当な真理は、その人に其《そ》の時、その場の境遇や環境や事件の中にも見出される。それは其の人にとっての神の啓示と言うべきである。周囲に起るすべての事件は無駄でも偶然でもない。自分の額についた墨を拭きとるための鏡と思って反省せよ。境は鏡である。心境の反映である。

○時々刻々、一瞬一瞬、眼を覚ましおれ。耳を開いて聴け。天地の開くる光。天地の開くる声。脚下照顧。時々刻々一瞬一瞬が真理。

○真理の太陽は、その昇る角度に随って色々の影をつくり、色いろの雲翳《うんえい》をつくり、虹をつくり、雲の柱をつくる。太陽は一つなれど、境に反射して万境を現ずる。皆それぞれの真理である。

○

眼を覚ましていないもの、用意していない者には、真理の啓示があっても気がつかぬ。「求めよ。さらば開かれん。眼を開いて見よ、見出さん」

◯

神の啓示か、神の啓示でないかを判断することは、その人の知識の進歩を促す。色々の瞞《まやか》し者が神の名を称して来《く》れども、それを真の神啓者か、低級霊の真似事か、判断することそのことが、その人の霊魂の進歩の一方法となるのである。真偽交々《こもごも》、選択することは訓練である。自己の霊性が磨かれるに随って瞞《だま》されなくなる。真理の仮面をかぶってあらわれるものは、それだけ宗教的に深い問題を蔵している。その真偽について考えることは宗教上の魂の鍛錬である。

◯

心に太陽を有《も》つこと。光は光を招《よ》び、闇は闇を招ぶ。太陽は万物を育むが、闇は黴菌を育てる。

◯

人間は一日中の或る時間を、心から、笑って過すことが必要である。四六時中、四角四面な鹿爪《しかつめ》らしい気持ちでいるときは、心に余裕がなくなって、神経質になり、肉体も病弱になるものである。

入龍宮不可思議境界録

或《あ》る日の夕方、私は大阪駅の改札口に行列をしながら立っていたのである。東京の自宅へ帰るために、急行券と乗車券とを改札係に手渡した。ところがどういうものか「急行券は貰《もら》わぬ」と其《そ》の改札係はいうのである。私は、「現に君に其の急行券を、乗車券と一緒に、渡したではないか」と主張する。しかし「貰わぬ、貰わぬから現に無い、急行券がなければ、乗車させる訳には行かぬ」と改札係は主張する。成る程、たしかに私は乗車券を添えて急行券を改札係に渡したのだが、彼の手にそれが無いのも事実である。暫《しば》らく押し問答したが、どうする訳にも行かぬ。私は到頭《とうとう》予定の急行列車に乗ることが出来ず、従って東京の自宅へ帰ることが出来なくなってしまった。あまりと言えば駅員の無責任と横暴とが口惜しかった。私は「アッ口惜しい！」と強く思った。その途端に私は目が覚めたのである。大阪駅もなければ、改札口もない。意地悪の駅員もない。乗車券も急行券も要らないで私は既に自分の家の一室に蒲団の上に楽々と寝ているのだった。私はアハハ…………と笑い出した。

隣の部屋から、家内の「何がそんなに可笑《おか》しくて笑っていらっしゃるのですか」と言う声がする。私は夢の話をした。そして「人生は全く夢だねえ。目覚めて見れば既に此処《ここ》に斯《こ》うして東京の自宅にいるのに、これから是非《ぜひ》とも汽車に乗って東京に行かねばならないとヤキモキしているのだからねえ。目覚めて見れば実相の極楽は既にあるのに、色々の苦しみ悩み欠乏ありと見ているのが現実だからねえ」と言った。

すると家内は「私も夢を見ていました」と言う。家内の見た夢というのは夜中泥棒がしのび込んで整理簞笥《せいりだんす》の中のものを盗んだが見つけてそれを捕えたというのである。捕えたけれども、それを警察へつき出そうか、出すまいかで、とつおいつ考えている。警察へ出さなければ泥棒を届け出ないということは国家の法律に反するし、国家の法律に反することをするのは国民としては善ではない。併《しか》し泥棒を捕えてそれを縛らせるということは、宗教家として愛の道に反する。善の道を選ぶべきか、愛の道を選ぶべきかどうしようかと夫婦で相談しているのである。また一旦《いったん》届け出て前科者にしてしまったら、今後の彼の運命を阻《はば》むことにもなるから、彼も恨んでいつ又復讐に来るかも知れない。併し、自分が宗教家だからというので、罪人を赦《ゆる》したら、宗教家を甘く見て、どうせ届け出もどうもしないから彼処《あそこ》へ泥棒に行けということになって彼の悪を増長させるということになる。宗教家の反面は辛《から》いところもなければならぬ――こんな恐ろしく難かしい論理的反省の夢を見て、さてどうしようと決しかねているときに午前五時の目覚し時計が鳴ったのだと家内は言うのである。

「アハハ………、目が覚めたら泥棒も無ければ、盗まれたものもない。泥棒を警察へつき出すべきか、突き出すべからざるか、善の生活を選ぶべきか、悪の生活を選ぶべきかの反省もない。現象の善悪ともになく、実相の善があるばかりなのだ。夢も中々善いことを教えてくれるね」と私は朗《ほが》らかに言った。

唐末五代の禅僧、玄沙《げんさ》の岑《しん》禅師について大慧《だいえ》が書いている「玄沙、誤って薬を服するに因《よ》って偏身《へんしん》紅く爛《ただ》れた。僧あり問う、如何《いか》なるか是《こ》れ堅固法身《けんごほっしん》。玄沙答えて云《いわ》く膿滴々地《のうてきてきじ》」

まことに面白いではないか。人間本来仏身にして金剛不壊《こんごうふえ》の堅固身だというのが、宗教の悟りである。その悟りを開いた筈《はず》の玄沙和尚、誤って薬を服して、偏身《からだじゅう》が紅く爛れたのだから変なものである。そこで僧侶が「如何なるか是れ堅固法身」――金剛不壊の堅固法身って何処《どこ》にあるのだ。何《ど》れが一体堅固の法身なのかと問うのだ。「此《こ》の身このまま膿が滴々としたたっている此の身体」（膿滴々地）が堅固法身だと言うのである。変な話だが宗教の悟りというものはこんなものである。

○

堅固法身が膿滴々地の、今此処《ここ》にあるのである。膿滴々地でも、このまま金剛不壊堅固法身である。改札口で東京行の列車にのりたいと地団駄《じだんだ》踏んでいる自分が、既に此のまま東京にいるのである。

某僧あり、問うて曰《いわ》く、「大和国過《あやま》って戦争を始め、敗戦して大小都市悉《ことごと》く廃虚と化す。如何なるか是れ大和国」と。或る人答えて曰く、「脚下そのまま是れ大和国」と。わかったような、解らぬような。

○

有《も》てる者が幸福か、有たざる者が幸福か。わかったようで判らぬことばかりが多い世の中である。家庭光明寮の寄宿舎跡が最近本部内の社宅となって、八世帯も入っている。一日、家内と共に本部員たちの御機嫌伺いに参候《さんこう》する。焼け出されたHさんの部屋は六畳の間に食卓兼用に机が一脚置いてあるきりで何もない。それは全く旅館の一室に今到着しましたというような簡素さである。

「Hさん結構ですねえ、まるで旅館の特等室ですね。これだけの旅館の部屋に泊めて頂いたら、一日三百円は室料を払わねばなりませんぜ」

ところが、二十畳の大部屋に入れて貰っているPさんの部屋を覗くと、この人は焼け出されでないので二十畳の大部屋も古道具やの店先のように足を踏み込む余地もない位《くらい》に充満している。Ｐさんは古道具の倉庫にやっと住ませて貰っているような恰好《かっこう》である。

焼け出されないで、持ち物の沢山《たくさん》ある人は古道具の倉庫にやっと膝を入れる位の生活をしているし、焼け出されて何も持たない人は瀟洒《しょうしゃ》な旅館の特等室に毎日お客様のように住んでいる。

私は、どちらが幸福な生活だろうと考えて見たのである。満更《まんざら》、焼けない屋財家財を棄《す》てる訳にも行かない。物を持ち過ぎている人は「空間」を少なく有っているし、「物」を少なく持っている人は「空間」を広く有っている。「空間」も一つの価値、「物」も一つの価値。

〇

甲僧問うて曰《いわ》く、「空間と『物』と汝《なんじ》の幸福のためにいずれを選ぶか」

乙僧答えて曰く、「空間」と。

「汝何故に空間を選ぶ」

「物あれば、執して自由を失う」

いずれか是《ぜ》なる、いずれか非なる。明々白裡《めいめいはくり》、一句を道取《どうしゅ》し来《きた》れ。

○

曰く、無一物中《むいちぶつちゅう》無尽蔵《むじんぞう》。

曰く、永遠の今、天壌《てんじょう》無窮《むきゅう》。

久遠は時の流れの中にあらず。久遠は即今にあり。「今」久遠を把握せざるべからず。「今」天壌無窮を把握せざるべからず。滅即《すなわ》ち不滅なり。前後際断《さいだん》なり。不連続の連続なり。矛盾の自己同一に非《あら》ず。

○

いたずらに下語することなかれ。天地無声の声。これ神勅《しんちょく》なり、神韻《しんいん》なり。耳あって聴く者は聴くべし。素直に聴従《ちょうじゅう》すべし。

○

「今」を把握せざる者、天壌無窮を永久に知ることなし。
「今」を把握せざる者、「不死の生命」を永久に知ることなし。

〇

現象刻々流転。されど流転せざる者あり。「今・即久遠」なり。
「今」を把握すれば人の病い癒え、国の病い癒ゆ。

〇

「今」の中に取り越し苦労も、持ち越し苦労もなし。
「今」をもって天国浄土となす。
「今」を失えば五鳳《ほう》龍宮城に舞うも天国浄土瞬時にして消滅せん。

〇

入龍宮不可思議境界《にゅうりゅうぐうふかしぎきょうがい》とは「今」の中に突入するなり。
如何《いか》にして突入するや。
前後際断《さいだん》、今即久遠、無一物中無尽蔵。

○

われ「今」無一物なり。而《しか》して「今」無尽蔵なり。無一物から起ち上がるに非《あら》ず。無一物そのままに無尽蔵なるなり。此《こ》の真理を知る者のみ不倒翁《ふとうおう》たるの資格あり。

○

自己今敗戦なり。敗戦即ち「真の自己」なり。明々白裡に「真の自己」を見よ。しかして戦敗の真底に動く不勝不敗の自己を観ぜずんば龍宮海に入る能《あた》わず。

○

「敗戦前、真の日本なし。敗戦後、真の日本なし。現象裡《り》、真の日本なし」前後際断《さいだん》の「今即久遠」にのみ真の日本あり。真の日本を知らざる者は日本人に非ず。

○

キリスト曰《いわ》く「我が国は此《こ》の世の国に非ず」と。前後際断。

○

久遠即今の真理を知らざる者は、滅びずと雖《いえど》も亡者なり。

○勝戦時、真の自分を知らず、敗戦時、真の自分を知らず、勝敗を超えて、真の自己を把握すること是《こ》れ入龍宮不可思議境界なり。

○「夢幻、真に非ず、寿夭《じゅよう》保ちがたし。呼吸の間、即是来生《そくぜらいしょう》」と親鸞聖人の『教行信証』にあり。呼吸の間とは「今」の端的なり。

○「生にして不生なり鏡裡の形、滅にして不滅なり水中の月」(大慧『普説』巻下)
「われ涅槃《ねはん》を説くと雖《いえど》も、これ真の滅にあらず、諸法はもとより以来《このかた》寂静《じゃくじょう》なり」(法華経)
即今の姿について此れ等の言葉しきりに浮かぶ。

○敗戦が心にくっついて離れざるゆえ、敗戦病となるなり。境に捕えらるる者は皆病い也《なり》。皆ない、皆なきままの境なり。皆ない、皆なきままの現象と知れば心が境に捕えられることなく自由自在となるなり。

境にとらえられて心の自由を失ったもの、止《や》み也《なり》、病み也、闇也。

○

「一切ありとあらゆることを、仏でも、衆生《しゅじょう》でも、皆なき儘《まま》の一切諸法、なき儘の仏、なき儘の衆生と知れば、自ら我も無の我なり。人も無の人なり。これを仏眼《ぶつげん》と云うなり」（盤珪和尚《ばんけいおしょう》・心経鈔）

皆なきまま諸法（諸現象）と知れば捕えられることなく、執することなく自由自在になるなり。

病気の者も、「病気なきままに」病気を顕《あら》わしているのである。「なきままの病気」と知れば心に引っ掛ることもない。心に引っ掛ることもなければ無礙《むげ》なり。心無礙なれば生命無礙なり。生命無礙なれば病気も消ゆるなり。

○

大厦高楼《たいかこうろう》そのままに無物也。幻術師の現じたる幻化《げんけ》なり。羨《うらや》むこと勿《なか》れ。

○

万人具足《ぐそく》す、大厦高楼。わが教えは貧窮礼讃の教えに非ず。

○

叩けば大厦高楼の扉開き、求むれば龍宮城脚跟下《あしもと》に在り、無一物中無尽蔵也。願望を諱《い》むにあらず、慾《よく》の心を憐《あわれ》む也。

○

意識的世界に高く向上するためには、無意識の世界に深く没することが必要である。大寂の世界から浮かび上がって来た生命のみが常に清新である。

○

睡眠も亦《また》人間が無意識の世界に還元する一つの道である。人間は無意識から生れたから無意識になりたいのである。

○

現象《げんしょう》の世界は、うつりかわる世界、変遷《へんせん》の世界である。映画のように、光と影との交錯せる世界である。

○

光は実相である。達人は実相のみを見る。迷人は闇を見て実在として思い惑《まど》う。

○

達人、光を説けば、迷人、闇を見て彼はウソを説くと罵《ののし》る。

○

説法に二種類あり。現象世界に処すべき方法を説くことあり。実相そのままを説くことあり、混同すべからず。

○

「争いなし」と説くことは実相を説くなり。苟《いやしく》も争いなき世界に勝敗あることなし。「かくすれば勝つ」と説くことは現象界に処する方法を説くことなり。その教えに従いて勝つものあり、お蔭を得たりと喜ぶ。教えの心境になれずして敗るる者あり。お蔭を得ずと言いて恨むものあり。お蔭は現象なり。現象界は因果相応の世界、敗《ま》くるも勝つも恨むべからず。今にして「恨む心」を起す如《ごと》き心境、それがお蔭を得ざりし原因なり。

〇

「病いなし」と説くことはこれ実相を説くことなり。病いなきが故に病いの治《なお》るという事もなきなり。実相は本来治《なお》っている也。

〇

「かくすれば病い治る」と説くことは現象界に処する方法を説くことなり。その教えに従って病いの治る者あり。これをお蔭を得たりと言う。その教えに従わず、又その教えを誤り解して、癒《い》えざるものあり。而《しか》してお蔭なしと言う。しかして「治っている」とはウソなり、瞞《だま》されたりと言う。これ実相と現象とを、混同せる迷妄《めいもう》の言に過ぎず。

〇

人間不滅と説く。而《しか》してわが肉体死なば、谷口は死にたり、人間不滅と彼が説きたるはウソなり、だまされたりと人は言うならん。かくの如き人に「人間不滅」を説くも、如何《いか》にしてか、実相の不滅を知らしめ得ん。

○

天の国の不滅もまた斯《か》くの如きのみ。われ肉眼にて見えざるものを説くに、肉眼にて視《み》るものをもって反駁《はんばく》する人あり。「天の国は此処《ここ》に見よ。彼処《かしこ》に見よと云うに非《あら》ず、汝《なんじ》の内にあり」と言う、イエスの言葉、よくよく味うべし。「内にあり」と言えば、腹を割《さ》いて腹わたを見て、どこにも神の国はないと言う人あり。ああ愈々《いよいよ》あわれなるかな。

○

現象は心に従って変化し、変化の因つもりて更にそが因となりて変化を生ずる。実相は不変であるが現象界にそれが投影することは人々の心のはたらきによりて遅速《ちそく》を生ずる。或《あるい》は一時反対の事があらわれることもある。実相顕現途上に浮かぶ迷妄の雲のみ。雲を見て実相無しと言うもの、実相あらわれずと言う者共にあやまれり。実相昭々乎《しょうしょうこ》として、明るきこと蒼空の如《ごと》けれども、五官これを見る能《あた》わず。

○

私を哲学者だと思っている人があるが、私は哲学者ではない。私は神の啓示を、取りついだものである。そして神の啓示にしたがって生きんことを希い、また努力しつつある者である。私は聖者ではなく、聖者たらんと修行しつつあるものである。これは『生命の實相』第一巻に、「生長の家と私」という項で書いた通りである。今もその通りで私も時には躓《つまず》くし、間違うこともある。好い体験ばかり発表したら信用を博すること位は、よくよく私も知っているけれども、正直に失敗のことも発表するのは、私自身の失敗を隠して神に祭り上げられたくないからである。

○

失敗と見えることが、実は尚《なお》一層良いものが出て来る前提であることがある。

○

哲学的の思索は間違うことがある。唯物論の次には唯心論が現れる。思索というものはより多く頭脳的なものであり、論理的なものである。それだけ人間には合理的に見えるけれども、哲学というものは、時代を超えることが出来ない。合理は時代に即して合理だと思われるのである。時代に即しない合理は人から不合理だと思われる。或《あ》る時代に合理的だと思われたものは、次の時代には不合理だと思われる。人間の作った合理などは決して当てにならないものである。

○

終戦前とその後とで、説き方が変って来なければならないのはそれは現象的合理の方面であって「真理」そのものは終戦前も後も同じことである。

現象を取り扱った言論や人間の頭脳的思索は、やがて時代に適合しなくなるものが出来るのは当然である。しかし神の啓示によるところの真理は超時代的なものである。雨がふるときに傘をさせと教えても、天気になったら、傘をさすなと教えるのは当然である。現象を取り扱うときには、時代を超えることは出来ないし、環境を超えることは出来ない。時処相応のことを説くのである。時代に即して変りながら終始一貫した真理を説くのが本当である。

○

「あの時は、傘をさせと教え、今は傘をさすなと教えるのは、前後矛盾である。先生は矛盾している」と言うのは間違いである。

○

予言はある時は合い、ある時は間違うものである。何故間違うかというと、予言は現象を説くからであり、現象は心の波の蓄積のあらわれであるからである。既にある「心の波」の綜合《そうごう》によって予言は行なわれるのであるが、新たなる「心の波」が起ることは勘定に入れられていないのである。第一次欧州戦争のヴェッテリニの予言が途中で適合しなくなったときに、ヴェッテリニは、「白色のスピリットが、人類の悲惨を一挙につづけて行くことはあまりに悲惨すぎると思って、その愛の念波によって、戦いの念波を修正したのである」と言っている。吾々《われわれ》の生活環境の突然なる変化も、恐らく高級霊の愛の念波によって突如的修正を行なわれたもので、吾々の運命も修正を受け、他のやり方で、大和《だいわ》の使命をもった生活環境の実現を見ることになったのである。しかし現状はまだまだ本物ではないのは無論のことである。

○

生長の家に入信して運命の好転した人もあり、好転したと喜んでいると、今は却《かえ》って悪転して生長の家もきかぬと思っている人もある。三界唯心《さんがいゆいしん》、その人の運命はその人の心にある。入信当時は神の存在を眼の前に見せつけるために生長の家の守護神たちが、その人の心境の如何《いかん》にかかわらず、他働的によい念波を集注して、その人の運命を好転せしめられるのである。水泳に先輩が未熟者の腹を水中に支えて浮かしてくれるのと同じである。かくてその人が入信し切ると、もう生長の家の守護神たちは、其《そ》の人自身の向上を目的とするのであるから、他働的には、その人の運命を支えて好転せしめることをしなくなる。謂《い》わば、深みへつれて来て手を離すと、いやでも自分の力で泳ぎを知るようになると同じようなものである。その時、自分を支えてくれるものは、ただ自分の泳ぎ方一つにある。自分の運命を好転するのはただ自分の心の持ち方一つになる。最初好転していた運命はいつの間にか悪転する。そして或《あ》る人は「神も仏もあるものか」と言う。ある人は「これは自分の心の影だ」と反省する。前者は堕落し後者は進歩するのである。戦争中脊椎《せきつい》カリエスとリチャード氏病に罹《かか》って歩行不自由にまでなった有留弘泰講師の手紙はそれを雄弁に語るものである。この運命の逆転にもかかわらず、「神も仏もあるものか」と言わずに、これ皆自分の心の影だと氏は精進して回復したのである。次にその手紙の一節をかかげる。

昭和十八年夏、尼崎防衛部隊長として応召約二年間の勤務を大過なく勤めさして頂きましたのも全く光明思想の賜でございました。しかしまだ信仰が不徹底であった為、折重なり来る悪条件の一つ一つを一切笑顔で明朗に処理することが出来ず、勿論光明の生活によって或る程度まで相当立派につとめさしては頂きましたが、召集事務の複雑多岐、部隊召集権の脆弱性、市役所兵事課の無能、防衛施設の築設に対する人員資材資金の殆ど皆無、尼崎土質の悪条件等々により、種々心労もし、不快の思を重ねざるを得ぬ実情にて、加うるに頻発する警報などにより一時的なりとはいい乍ら心境を搔き乱さるる事多く、浄心の機会少なく、遂に少しずつ超過したる心的毒素（長寿の霊薬の生産量よりも超過したる）の蓄積累加によって遂にリチャード氏病と脊椎カリエスとの二つの難症を併発し、遂に隊長として軍務処理に支障を来すに至り、故山の篠山に退隠いたしましたのが、四月二十一日（昭和二〇年）でした。それまで約半年（昭和十九年十月二十八日発病以来）不自由な身体を駆って、兎も角も陣頭指揮とは行かぬ迄も隊務を処理し得た事は、光明真理の賜でございました。部隊の軍医中尉鎌倉勝夫博士及阪大医学部小沢凱《よし》夫教授（博士）の診定によるも二箇年間の仰臥静養を宣告せられたる程にて、事実、一時は一歩も歩めないところ迄落ち込みましたが、静に心を養い、信仰を深め高め、神と神の子の親子一体の境地に到達（白熱化せる父子一体の妙境に入る）と共に（帰篠後約一箇月半位にて）俄然好転し始め、急速に恢復、爾後信仰による「働き療法」「忘病療法」「感謝療法」等によって或は草むしり、畑作、大工仕事、炎天下の裸体労働、魚釣、荷車曳、山行き（薪作り）一里の道を薪を荷車に積んで運ぶ等の相当強度の労働によって急速に強健となり、戦線復帰を期し居る折柄、終戦に遭遇し、九月八日復員となりました。この体験の記録を作っています。

○

半身不随の重病にかかっていた有留講師でも病気の責任を他に転嫁せず、みずから今までの自分の心を顧みて改むべきを改めたならば立ち直ったのであるから、それより軽い病気が心の更《あらた》め方で治るのは当然である。病気を実相だと思ってはならない。健全なのが実相である。病中なお健康の実相を観ずるを入龍宮不可思議境界と言う。

○

『甘露の法雨』の冒頭に「ある日」とあるのは某月某日のことではない。今を去る過去何年何月の或る日のことではない。それは“One day”である。「一日」である。一《はじめ》の日である。

「はじめの日」と言うと人は、過去何億年か以前に地球とか宇宙とか出来たとか考えやすいが、そういう「はじめ」ではない。

「天地のはじめは今を始めとする理《ことわり》あり」の如《ごと》きはじめである。常住坐臥《じょうじゅうざが》、「今」の一点にはじめがある。

時計面上の針の運行によってはかられる時の流れではない。過去・現在・未来の時の流れを、そのままに「今」の一点に把握するとき、「久遠の今」の生活が其処《そこ》にはじまる。

かくの如きとき——

日に日に新生である。

時々刻々が新生である。

一瞬一瞬が新生である。

○

死んでも生きても、今、「久遠の今」を生きている。

今即久遠の生。これがわからねば。

○

まがれる鉤《つりばり》（武器）で他《ひと》の生命をつろうとしてはならない。それは彦火火出見尊《ひこほほでみのみこと》のあやまりである。だから、その鉤は失われた。

○

殺すことによって自己拡張しようと思ってはならない。奪うことによって自己拡張しようと思ってはならない。

○

今時分、神話を説いて貰《もら》ってはこまると言う人がある。戦争中古事記を説いて、今更神話を説かぬのは遠慮しすぎると言う人がある。十人十様。百人百様。

○

甲への対機説法を見て、乙は批難し、乙への対機説法を読んで甲は批難す。対機は相対なり。随宜《ずいぎ》なり。甲へのよろしきもの乙へはよろしからず。乙へのよろしきもの甲へは宜《よろ》しからず。

○

しかし甲乙いずれへもよろしきものを記して雑誌を成立す。言葉につまずかずして真理を把握する者は幸いなり。

諸国の神話、必ずしも歴史の書にあらず、実際の書にあらず。象徴の書なり。神話とは真理の象徴物語なり。その象徴の解釈のしようにしたがって、間違うことあり間違わざることあり。真理の肯綮《こうけい》に中《あた》ることあり、中らざることあり。

〇

鈎の放棄（争いの放棄）の後に来るもの塩椎神《しおつちのかみ》の出現なり。これから龍宮海に導かるるなり。極楽世界の実現なり、地上天国の実現なり。それまでにはなお多少時日を要す。

〇

龍宮海に入る方法を、塩椎神おしえたまう。目無堅間《めなしかつま》の小船に乗れよと。小船とは如来の願船なり。目無《めなし》とは時計の目盛なきなり、無時間なり。堅間《かつま》とは空間が堅くつまって空間なきなり、無空間なり。目無堅間の小船とは、無時間無空間の時間空間そこより発しそこに帰る時空未発の「今」一点なり。「今」の中に一切時一切空がつつまれてあるなり。

○

一切万事、「今」より発し、「今」に還る。「今」よりほかに時なしとはこの事なり。

○

「今」の中に生死なく、あらわれて生死とあらわる。凡夫をあらわれに捉えられて生死面《めん》上に浮沈して悲しむと雖《いえど》も、「今」の一点に生くるものの生死なきなり。生なきゆえ滅なきなり。

人間は不滅なり。

今・此処《ここ》・神の国不滅なり。

○

これを悟ることを「目無堅間の小船」に乗りて彼岸（龍宮海）にわたると言う。

「ある日」「一日」の「今」を把握するとき天地ただ、神のみ声のみなり。これを称して「ある日、天の使《つかい》生長の家に来《きた》りて歌いたまう」と言うなり。

○

神とは「示す」なり「申す」なり。「示す」表現なり。「申す」は言葉なり。神とはコトバなり、表現者なり。表現するとはつくることなり、働くことなり、行《ぎょう》なり、主観を客観界にもち出すことなり。

○

その言葉の波動《ヒビキ》あらわれて森羅万象となり。コトバのヒビキとは生命なり。神の生命のヒビキなり。万物は神の生命の表現なり。併《しか》しすべてのもの神の生命の表現にはあらず。中には「迷い」の表現たるものもあり。それゆえにヨハネ伝には「太初《はじめ》にコトバあり、コトバは神と偕《とも》にあり、コトバは神なりき」と過去のテンスを用う。

○

生命は、生きている。生きているから動く。生命の動きが心の波である。心は波動であり生命は実体である。併し波動がなければ其《そ》の存在は表現されない。だから無である。無にして実《じつ》——これが生命である。

○

即身成仏《そくしん》とは「無物質の物質」（肉体）と霊的実在（法身如来《ほっしん》）との自己同一である。肉体あるがままに無く、無きままに其の儘《まま》に霊的実在なのである。

〇

自己を媒介として世界を観《み》ることが出来るのは、自己と世界とが「自己同一」であるからである。自己の中の世界像が世界として展開しその世界を観るのである。

〇

二つのものが交渉し合うのではなく、主客は本来「一」なのである。主客が同時存在であり、同場処存在である。「今」「此処に」主客が「一」なのである。

〇

すべてのよき現象は、実相の応現として法爾自然《ほうにじねん》に出て来る。法爾でないものは真に生かす力はない。先ず魂の目覚めが第一である。魂の世界を先ず開拓して根本を整えるのが宗教である。真の宗教家が起き上がれば万事が自然に整うのである。然《しか》し、時期が来《きた》り機縁が熟することが必要である。

○

肉体を自分だと思っている者は肉体の制約にしばられるから奴隷である。

○

ソクラテスの標語は「汝《なんじ》自らを知れ」というのであった。ギリシアには、かくの如《ごと》くにして民主主義がさかえた。

○

人間は本来一切の束縛からほどかれた仏《ほとけ》であると大悟した釈迦《しゃか》は印度に於ける民主主義者の先駆であった。

○

キリストは「真理は汝を自由ならしめん」と言った。彼も亦《また》民主主義の一方の旗《はた》頭《がしら》であったのである。

○

宗教は生命《いのち》を解放する。

○

極楽浄土とは、人間の自由の完全に確保されている所であり、それは民主主義の邦《くに》である。

自分の中に仏になるだけの力なくして何人《なんぴと》も他力によって仏になることは出来ない。凡《すべ》ての者が他力により仏になることが出来るのは、各人の中に仏になれるだけの力がそなわっているからである。

○

宗教は、彼方《かなた》を此処にするおしえである。

○

方便も亦必要である。例えば人の胸を開かせようとするとき、直接に「胸を開け」と言っても、誰もすぐさま胸を開かぬかもしれない。しかし「さあ、風呂を立てたから、入り給え」と言えば、「ああそうか、それじゃ一風呂御馳走になろうか」と言って裸になる。そうすれば自然と彼の胸は開けるのである。

○

病《やまい》にかかると言うが、この「かかる」という言葉は「だまされる」というのと同じである。吾々《われわれ》は「病にだまされる」「病だとだまされる」のである。丁度《ちょうど》「サギにかかった」というのが「サギにだまされる」のと同じ様に。

◯

時間空間の中に生命が生れて来るのではなくして、生命が時間空間をつくるのである。時間空間は吾《わ》が心の中にある。時間空間は生命《いのち》の掌中《しょうちゅう》にあるのである。

◯

本当に長生《ながいき》するというのは、一瞬のうちに久遠のいのちを自覚することである。ベッドの上に絶対安静をしていて八十歳まで生きのびた肺病患者があったとて、彼は決して長生《ながいき》したことにはならない。

一瞬のうちにでも、無限の長さを行動した者があれば、それは既に無限の長生《ながいき》をしたことになるのである。

◯

遠隔思念というものは、自分の思念の波が遠方に居る誰かの心に伝って行って、そして彼が良くなるのだなどと考えていては未だ本当でない。それは、自分のうちに凡《すべ》てがあるという真理によってのみ正しく理解される。甲の中に乙、丙《へい》、丁《てい》、戊《ぼ》……等の全ての生きとし生けるものがあるのである。又乙の中にも甲、丙、丁、戊……等の全ての生きとし生けるものがあるのである。それ故《ゆえ》甲が自らの中に祈れば乙自身が良くなるのである。

○

或《あ》るお経の中に、凡ての衆生が成仏する様に念ずるとき最も多くの功徳が与えられると説いてあるが、神想観《しんそうかん》に於いても、自分のためにのみ祈るのではいけない。自分の中にある一切衆生のために祈るのが最も高い祈りである。

○

空間も時間もいのちの表現の形式である。
時間はいのちの働きの一形式である。
それ故、空間も亦《また》いのちの働きの一形式である。

○

病気や不幸をいくら研究してもよきものは出て来ない。実相を追及してこそよきものが出る。実相を追及するとは、実相を見ることである。見るということはあ、ら、わ、す、ことなのである。

○

釈迦やキリストの時代以来、又ルネッサンスの時代以来、人類社会はどれだけの進歩をしたか。大した進歩はしていない。それは、ある程度地上で修業した霊魂はもう再びは地上に生れ替って来ないから、いつも同程度の修業の魂のみが地上に生活するからである。しかし乍《なが》ら、ただ一つ科学のみは発達した。それは、何故かというと、科学研究に於いては先人の研究したことを後人《こうじん》が学んで、その研究の上に更《さら》に自分の研究を次ぎ足し、更にその次の人はその上につぎ足して行くという風にして発展させることが出来たためである。ところが、道徳や芸術に於いてはそれが出来ない。各人は、各々《おのおの》第一歩からはじめるのである。吾々がいかにあせったとて、釈迦やキリストの道徳の上に更に次のものをつぎ足しその次の人は更にそれに何ものかを加えて行くという様なことは、全く不可能であり無意味であるからである。

○

現象空間は一定の容積のものでもなく、又無限でもない、無限があらわれつつあるのである。近代の物理的研究によれば、空間は無限のひろがりであるとは考えられないで、かえって一種の球形の様なものであり、しかもその宇宙は次第に膨張しつつあると言われている。その宇宙に於いて無限に上に進めばいつしか自然に空間のゆがみによって又、もとの所に帰って来ているという様な構造とも、考えられている。それは完成された無限ではなくして、無限があらわれつつあるのである。

吾々の実相は、現象の奥に、無限の可能性（Possibility）として存在するのである。

○

無限の動を孕《はら》むところの無限の静。

○

「謙遜《けんそん》」が神の子の自覚であって、「傲慢《ごうまん》」は神の子の自覚ではない。「謙遜」は前途内在の無限可能性の想望より来る現在の足りなさの自覚である。

○

自分自身に対する内省とひとに対する説法とはことなる。内省に於いては、自分はまだまだ不完全だ。無限の可能性を内にもちながらもまだまだそれがあらわれていないと深く反省するのであるが、その内省をそのままひとに対する批判として向けるのでは、説法とはならないのである。「自分もかく不完全な者である。況《いわ》んやお前達も不完全きわまりない者だ、罪ふかき者だ」などと説いたのでは、相手は自分の不完全さに萎縮してしまって、本来の完全なる実相をあらわすことが出来なくなってしまう。

○

水を電気分解すると酸素と水素とに分れる。そしてそこにはもう「水」というものは存在しなくなる。水が水としての姿をあらわしているのはある一定の条件下に於いてであってその条件が除去されたとき、水の存在は消えるのである。この様な「条件」の事を仏教では「因縁」と呼ぶ。我々の肉体もこの「因縁」によってあらわれているのである。即《すなわ》ち、ある条件の下に於いてかくの如き肉体があらわれているにすぎないのである。それ故肉体の中には何等確乎《なんらかっこ》とした「わしだ」と称すべきものはない。「我《われ》」の本体となるべきものは肉体の中には見出せないのである。

ある要素（因縁）によって肉体があらわれているという考え方からすれば、つまり色々な具体的条件によって肉体が出来上がっていると考える考え方からすれば、仏教の縁起観は稍々《やや》唯物論的な匂いがすると言える。釈迦が開いた第一の悟りは此《こ》の様な十二因縁を観じたものであって、そこから第二の悟りにまで飛躍しない限り、此の様な小乗では人間を解放し得ないと言える。かかる意味に於いて因縁所生《しょしょう》の肉体が凡《すべ》ての凡てであるとするならば「我《われ》」というものはどこにも存在しないのであって、水を分解すれば酸素と水素となって消えてしまう如く、肉体を構成する条件（因縁）がなくなれば肉体は滅してあとには何ものも残らない。一切が無に帰するのである。即ち「無我」である。

この様な段階の「無我」の意識にならば、唯物論の方からでも入ることが出来るのである。唯物論は元来それが徹底すれば、「無我」の意識に帰着すべき筈《はず》のものなのである。我々の肉体は物質の集合であり、脳髄の物理化学的作用が「自我の意識」を生み出すものであるとするならば、かかる物質的脳髄を形造っている条件が消滅すれば「自我の意識」も無くなる筈である。そこには何等の「我《われ》」なる本体も存在せず、したがって「我《われ》」を主張すべき何らの根拠もない。即ち唯物論の結論は「無我」であるという事になる。しかるに唯物論者はこの当然の帰結である「無我」にさえも徹底する事が出来ずして、いたずらに「我《われ》」の主張を正しいとして通そうとする。自説が正しいと主張する「我《われ》」なるものはどこにも無いはずである。自説を主張する意識は単なる物理化学的作用であって、そこには何らの善悪、正邪の根拠もあり得ない。かくして唯物論は自己撞着《どうちゃく》におちいる。私が如何なる名論卓説《たくせつ》を吐いたとて、それが私の脳髄の中の米や味噌や野菜などの成分から吸収した物質の物理化学作用であるとしたならば、其処《そこ》には何らの精神的価値もない。

かくの如《ごと》くにして小乗仏教は唯物論と共に「無我」を主張し、「我」を否定するのである。金剛経に、悟りを開く仏もなく、悟りというものも無い、と書いてあるが、かかる見解を称して空見外道《くうけんげどう》とか断見とかと言うのである。

併《しか》し乍《なが》らこの様な否定の側面も亦《また》必要である。吾々《われわれ》は一度は否定の門を潜《くぐ》って来なければならない。全ての現象を一応否定し去る事が必要である。その意味に於いては唯物論も人間の魂の進歩の一階梯《いちかいてい》として必要であるといえるかもしれない。古代に於いて小乗仏教を通過するのが必要であり意義をもっていた如く、現代に於いては吾々は唯物論の関門を通過する事が必要なのである。唯物論に徹し、凡《すべ》てを否定し去った時、はじめてその奥に、止《や》むに止まれぬ心の動きとしての肯定が起って来るのである。凡ての自我を否定し去った後に、はじめて本当の自我の意識が浮かび上がる。キリストは「一粒の麦、地に落ちて死なずば、唯一《ただひとつ》にて在《あ》らん、もし死なば、多くの果《み》を結ぶべし」と言った。否定を通した肯定でなければ本当の肯定ではない。そこに於いてはじめて真実の存在が見出しうるのである。真の実在は因縁所生《しょしょう》のものではない。如何《いか》なる条件を除き去っても、なお永遠に崩れ去らざるもの、それが実在であり実相である。

○

凡《あら》ゆる人間の智慧《ちえ》は神に於いて一体である。それ故、真に神の智慧に導かれたならば、人々の間には何らの争いや矛盾も起らない筈《はず》である。家庭の利益と家族の利益とが矛盾したり資本家の利益と労働者の利益とが矛盾したりする筈はないのである。それが矛盾し分裂するのは、自我が分裂しているからである。完全なる「自我」を認識していないからだ。

○

吾々の人生観は如何なる犠牲も認めない。如何なる争闘も認めない。犠牲を認めることは神の創造に対する大いなる冒瀆《ぼうとく》である。吾々は他人の犠牲になる必要はないのである。それと同時に吾々は他人を犠牲にしてはならないのである。犠牲を必要とする世界観を捨てよ。

○

ヘレニズム（ギリシア精神――逞《たくま》しき肉体の肯定）とヘブライズム（キリスト教精神――肉体の否定、霊の肯定）とが完全に一致するのが生長の家の思想と信仰である。肉体の否定の後に初めて真の肉体の肯定が生れるのである。病む肉体を否定し（ヘブライズム）、その奥にある本当の霊妙極《きわま》りなき完全なる実在を肯定する（ヘレニズム）。それが我々の行き方である。

○

神の子は、犠牲の様なけちくさいものは認めないのだ。神の子は、ただ、楽しむほかはないのである。

○

ヘレナ（ギリシアの最も美しい女神）の美しい肉体を実現するただ一つの道は、人間が神の最高完全なる理想美の地上実現である事を自覚する事である。

○

対立的人生観を捨てよ。何某《なにがし》はきらいだとか、誰某《たれがし》を倒さねばならぬとか力《りき》むのは、対立的な立場に立っているのである。敵は無いのだ。キリストは敵を愛せよと言ったが、敵だと認めてこれを愛するなどということは出来るものではない。敵ではない味方だと思う事によってはじめて、全ての人を愛する事が出来るのである。

○

創造神は唯一神なり。本来陰にあらず、陽にあらず、陰陽不二なり。それが陰陽に分れて顕《あら》われ、再び結び合って凡《すべ》ての物を創造する。創造は無限者の自己限定によって行なわれる。

○

同じ米と麹《こうじ》を、同じ温度、同じ条件にして酒を造っても、それを造る人の気持ちの如何《いかん》によって出来た酒の味は、色々ことなる。甘い気持ちの造り主は甘い酒を造り、からい気持ちの造り主はからい酒を造る。

○

醱酵菌のような微生物は、ことに人間の精神に感応する度合が大きい。それは、人間は非常に高い程度の人格の独立性をもっているに反して、微生物は、ほとんど人格の独立性をもっていない。したがって彼らは高度の人格たる人間の精神に影響されるのである。酵素肥料などを使用するにも、これを用いる人の気持ちが拝む気持ちである場合には非常に成績が良く、そうでない場合には成績が悪いことになる。農事試験場などでただそれを唯物論的に扱っても成績があがらないのはそのためである。結核菌なども人の心持ち次第によって如何様《いかよう》にでもその毒性が変化するのである。ここに患者や周囲の人の心の持ち方で治癒すると否との分れ目がある。

○

創世記に「神言給《いいたまい》けるは、我儕《われら》に象《かたどり》て我儕《われら》の像《かたち》の如くに我儕人《ひと》を造り……」と書かれている。何故神は「我儕《われら》」と複数の形でのべられているかと言えば、すべてのものを造り出すときには、唯一神が唯一のままでは創造は営まれないからである。唯一者が自己限定して複数にならなければ創造することは出来ないのである。「神の像《かたち》の如くに之《これ》を創造《つくり》之を男と女に創造《つくり》たまえり」とある様に、凡ての創造は唯一者が自己分化して「働きかける方」と「働きかけられる方」との二つに分けなければものを産み出すことは出来ないのである。例えば画家の一つの生命が絵をかくには、「絵筆」と「カンバス」とに分化する。「絵筆」は能作者(陽)であり、カンバスは受動者である。能作者と受動者が相会して絵が創造される。凡て一つの生命が陰と陽とに分れて、再び相合うとき表現が完成するのである。

○

「神」とはその字画が「示」篇に「申」である様に、表現せんとするいのちである。表現する(示《シメシ》)(申《モウス》)と言う事が神の本性である。「申す」はコトバである。表現の欲望を抑圧したとき生命は枯死《こし》する。枯死するというよりも「其処《そこ》にいなくなる」のである。

○

人間が地上に生れたのは、神が、神自身の生命を表現せんがために生れ出でたのである。画《え》を描くにも初歩から次第に高級な技術に進むにしたがって、デッサン、水彩画、油絵と色々の表現する道具を変えて行く様に、吾々は地上に於いては、最初の初歩的な過程——物質的抵抗の強い世界を構造して生命が動き出して表現する。世界は「表現せんとする生命」にとってはカンバスである。それはある時期には画家がデッサンを練習しなければならない過程を経る様に、魂の進歩にとって必要な段階なのである。しかもデッサンにはそれにふさわしい味がある。それと同様に、地上の生活にも、地上ならでは表現出来ない味があるのである。

○

太陽が自己を表現せんとすれば光線が必要である。光線がなければ太陽は自己を表現出来ないのである。それと同じく「神」が自己を表現せんとすれば「人間」が必要である。「神」は「人間」という光線をつくり出してはじめて神自身を表現するのである。光線がなければ太陽はないも同然である。人間がなければ神はないも同然である。人間は神の最後の目的であり、希望であり、完成である。

○

人間は如何にして生れるか。それは神が自己を表現せんとして、いのちの波を送るから生れるのである。そのいのちの波の受信機となるものが「夫婦の和」であるのである。素直にいのちの波を受信した瞬間に妊娠する。

○

潜水夫が潜水服という重い着物を着て海中にもぐって行く様に、人間は「肉体」という重い「皮袋」を着て抵抗の少ない霊の世界から、抵抗の多い物質の世界にあらわれ出るのである。抵抗のない世界では表現は出来ない。カンバスのないところに画はかけない。カンバスとは表現に必要な抵抗である。

○

地上の世界は、画家にたとえれば一種のカンバスの世界である。描き終れば捨て去るのである。キリストはラザロを一たびは生き返らせ給うた。併《しか》しラザロは決して永久に地上に生き続けたのではない。人間は誰でもいつかは肉体を捨てなくてはならない。併しそれは、苦しい事ではない。楽しい事である。吾々は肉体をすてる事に依《よ》って、より一層自由自在な世界へ出られるのである。

存在するもの、其の時間・空間的展開

「存在するものはただ持続するもの、空間的な拡がりをもつものと、解すべきものであると思う。個々の木や犬のみが厳密な意味で存在するものである」

諸君はここまで読んで来られて、「そうだ、それが正しい」と思われたであろうか。それならば諸君は唯物論者である。そして多くの人々は唯物論者なのである。

○

それなら問うが、個々の木や犬は、持続するか。いつまでも続いているか、それを私はききたいのである。百万年続いている木はないし、千年も百年も生きている犬はない。それは持続しないから存在しないということになりはしないか。その拡《ひろ》がりもあるように見えていたが、今はその拡がりも持続していないから、持続していない拡

がりである現実の木や犬は本当は存在しないのではないか。

○

諸君の死骸が仮りに此処《ここ》に存在するとする。それは拡がりはあるが、やがてそれは「無くなってしまう拡がり」である。何故それは無くなってしまうのであるか。本当にあるものなら無くなる筈《はず》はないのである。その拡がりはあるように見えても実はなかったものであるから拡がりは消えるのである。それは灰になるか、ある原子になるかするであろう。その原子も、原子爆弾で示されたように、破壊して電子になってしまうものであり、電子というのは電気エネルギーのかたまりなのであって、一定の質量は持たず、(従って一定の拡がりを有《も》たず)速度に従って質量が変化する。換言すれば質量とエネルギーが走る速度であると言える。

かくて物体の一定の形は、エネルギーの或《あ》る力のあらわれであって、存在するものは唯《ただ》エネルギーのみであるとも言える。

そのエネルギー原子量の一定順序による各原素の排列や、色々の複雑な生命体や、美しい花の構造などが、このエネルギーの力で保たれつくられているとするならば、このエネルギーは智性ある力であると言う事が出来る。智性ある力を「心」又は「神」と私達は呼ぶのである。

○

各物体（人の肉体等をも含めて）は内部エネルギーの力によって持続せしめられており内部エネルギーの持続が止《や》むと、変化し破壊しはじめる。人の死体の如《ごと》くにである。持続しているのは内部エネルギーのみであって、そのエネルギーの移転によって、物質は姿をかえるのである。だから、物質の姿は内部エネルギーの姿の影であると言うことが出来るのである。

○

人が人の形をしているということはその内部エネルギーが人の形をしているという事である。エネルギーそのものは眼に見えないが、眼に見えない「智性エネルギーの形」を理念と言う。理念とは不可視の形である。

○

空間とは、エネルギーの運動範囲である。だから現代の新しき天文学が説いているように空間はひろがりつつあり、宇宙はつくられつつあるのである。無限の空間という容れ物があって、その中にエネルギーが走っているのではなく、エネルギーが運動する範囲が空間であり、エネルギーの運動の持続が時間である。

エネルギーの運動のないところ、時間もなければ空間もない。

○

「愛」そのものにはひろがりはないが「愛」は強烈なる存在であってそれは多くの空間的存在を征服する。キリスト教の伝播《でんぱ》はキリストの愛の空間的征服である。ひろがりのない愛がひろがりの世界を征服するのは、ひろがりとは、ひろがりのないエネルギーの運動範囲であるからである。

沢庵と良寛と生長の家

或《あ》る雑誌に、某氏が批評して、「不幸はない」とか「悪はない」とか生長の家で言うのは、不幸や悪がなくなることではなく、不幸や悪に心がひっかからなくなることだと思うというような意見を述べているが、これは大いに違うのである。現実の不幸や悪を絶滅することなしにそんな単なる観念の遊戯で、不幸や悪をみとめないというような、そんな浅墓《あさはか》な思想が生長の家ではないのである。生長の家では現実に「病い」を克服し、「不幸」を消滅せしめ、「悪」を絶滅するのである。現実からの遊離でもなければ、逃避でもない。真に「病い」のなき世界、「不幸」のなき世界、「悪」のなき世界、「弾の中《あた》らぬ世界」を創造するのである。実際それが出来ねば、理論はどんなに巧妙であっても、それは理論の遊戯にすぎず、観念の世界に遊離して、現実の世界を逃避するに過ぎない「あきらめの思想」なのである。

或る時、沢庵《たくあん》和尚と柳生但馬守《やぎゅうたじまのかみ》とが一室で宗教談を交えていた。其処《そこ》へちょうど雨がザンザ降って来たのである。その時沢庵和尚は、柳生但馬に、「尊公は、天下一の武芸者であるが、その武芸の極意をもって、この雨に濡れないようにこの庭を一まわりして来て見せて貰《もら》いたいものじゃ」と言った。

柳生但馬は「やって見ましょう」と言うので早速刀の提《さ》げ緒《お》で襷《たすき》を十字に綾どり、袴《はかま》の股立《ももだち》たかくからげ、剣を抜いて庭におりると丁々発止と、折りから降りそそぐ雨を、電光石火の早業《わざ》で斬りはらいつつ庭を一周して戻って来た。

「どうです。濡れておりますかな」

「さすがに天下一の剣客じゃ。どこも濡れておらぬが」と、沢庵は但馬の衣服をひとわたり見て、「ただほんの少し袂《たもと》の裾に雫《しずく》がかかっておりますな。では拙僧、少しも濡れないで庭へ出てお目にかけましょう」

こう言うと沢庵は何の支度もしないで駒下駄を履いて庭に出ると、庭先の石の上に端坐瞑目した。坐禅の姿である。折りから愈々《いよいよ》雨は激しく降りしきる。沢庵はまるで濡れないかの如《ごと》くじっと端坐している。やがて沢庵はその部屋に戻って来た。「どうでござる。少しも濡れていないでござろう」見ると沢庵の法衣はびしょ濡れで雫がポトポト垂れている。「濡れていない」というのは、実は形は濡れても、心は濡れない、濡れることに心が引っかからない。心がそれで悲しみや憂いに濡れることがないということであるのである。これは今までの宗教であり、あきらめの宗教である。生長の家で「不幸がない」と言うのは、それと同じく、不幸に実際ぬれていながら、心のみが不幸に引っかからないと言うような、そんな現実的力のないものではないのである。

イエスは現実に現象を支配したのである。ラザロに対して、「死せるに非《あら》ず生けるなり」と言ったときに、彼は現実にラザロを復活せしめたのである。「汝《なんじ》の罪赦《ゆる》されたり、立ちて歩め」と言ったときに、現実に跛者《はしゃ》の足は立って歩いたのである。イエスの宗教は跛者でありながら、その跛《ちんば》であることに心がひっかからなかったというような、そんな「あきらめ」的な宗教ではなかったのである。

ここに沢庵の宗教と、イエスの宗教との相違が見出されるのである。その相違はアメリカの光明思想とあきらめ的小乗仏教との相違でもある。生長の家はアメリカ的光明思想を日本の仏教にとり入れ、それを渾然《こんぜん》一体化して現実を支配するイエス的仏教乃至《ないし》仏教的キリスト教を創造したとも言える。そこに現実を支配する奇蹟があらわれ、病者が癒やされ、生活の不調和が心の力によって現実に克服されつつあるのである。

良寛和尚が、大阪の火事に逢《あ》った知人に災難よけの妙法として書き送った有名なる手紙がある。「災難に逢う時節になれば、災難に逢うが宜《よろ》しく候《そうろう》。病気になれば死ねばよろしく候、これが災難よけの妙法に御座《ござ》候」と言うのである、淡々として現象にとらわれず災難も不幸も自分の実相を一毫《いちごう》も傷つけ得ないと言う超越的な洒々落々《しゃしゃらくらく》たる境地はまことに掬《きく》すべきものがあるが、しかし、其処《そこ》には病気の肯定があり、災難の肯定がある。災難と病気とはあるべきものである。それから避けようと思うから心が悩まねばならぬのである。それを避けようと思わなければ、災難が来ようとも焦ることも要らねば悩むことも要らぬのだと言う、そこにあるのは唯《ただ》あきらめだけである。

吾々《われわれ》が良寛和尚に代って災難よけの手紙を書くならば、「神の創造《つく》りたまえる世界には災難など決してなきものに御座候。災難を受けるのは、災難を受けることが、自分の罪をつぐなうとか、自分の業《ごう》の浄めになるとかいう潜在意識の災難をこいねがう自分の心の具象化によって災難があらわれて来るものに候。然《しか》らざれば人間に本来災難も病気もなきものに御座候」と書くであろうと自分では思っている。

啓示と思索

実相の世界というのは、神の直接想念の展開せる世界である。「神、光あれと言いたまいければ光ありき」の世界である。神は無限の智慧《ちえ》であり、無限の愛であり、無限の生命であるから、実相の世界には、神の無限の智慧が満ち、無限の愛が満ち、無限の生命が満ち、秩序整然と、調和おのずから備わり、ありとあらゆるものは完全に、生きとし生けるものは互いに愛し、扶《たす》け、睦《むつ》び合い争うことなく、相食《あいは》む事なく、苦しむものなく、悩むものなく、乏しき者なく、病む者なき世界である。この世界のみが実在《ほんとにある》の世界である。

『甘露の法雨』に曰《いわ》く、

神があらわるれば乃《すなわ》ち

善となり、

義となり、

慈悲となり、

調和おのずから備わり、

一切の生物処《ところ》を得て争う者なく、

相食《は》む者なく、

病むものなく、

苦しむものなく、

乏しきものなし。

と示されている。

争いがなければ戦いも無いのは当然である。これが神があらわれたる「実相の世界」――金剛不壊《こんごうふえ》のくだけない世界である。

○

真理は久遠《くおん》不変不滅であっても形の上では、人時処に随《したが》ってその説き方が異なる。人時処相応の顕《あら》われをするのが真理である。人時処に随って流通自在に変らないようなものは生きた真理ではない。

○

形に執すれば真理は形態をとどめて生命を失う、型に嵌《は》まるものは生命ではない。

○

「こうあれかし」と握って置いて、その希望通りを説かぬと愛想をつかす人がある。そういう人は真理を教えられようとする謙虚な心の人ではなく、自分のあらかじめ握っている考えを、人に言わせて見て共鳴するのが楽しみなのである。自分の考えを蒸し返して呉《く》れるような思想のみを真理だと思っているのである。

○

読者に気に入るように書くのなら宗教家を止《や》めて娯楽雑誌でも書けば好い。

○

宗教に人が集まって来るのは文章の上手下手によるのではない。人間の魅力なのである。文章の表現だけを見て好き嫌いを言っては駄目である。宗教の文章は文字と文字との間を読まなければならぬ。

神我一体

飯を食うのも、原稿を書くのも、しゃべるのも、外出するのも、道を歩くのも、自分がするのではない、神我に在してなさしめ給うのであると知ることが大切である。

○

本当の生活とは、今自分に与えられている天分を完全に生かす生活である。

○

神は「無相」であり、「絶対無」であり、すがたかたち無くして、しかもその中に一切のものがそなわれるものである。神の生命動き出《い》ずるや、陰と陽との二つのことば（生命の波動）となって分れ、「阿《ア》」（陽）となり、「吽《ウ》」（陰）となり、阿吽《あうん》の呼吸相合して万物生ず。あらゆる物質は「阿」声と「吽」声との結合、原子核と電子との結合である。

○

物質は生きているのである。死んでいる物質は一つもないのである。物質とは生命《いのち》のエネルギーの現れであるのである。

○

科学者が物理学や化学を研究し、それが学問的体系をなしうるというのは、物質が法則であるからである。物質は高等数学的智慧《ちえ》によって組み立てられているのであって、しかも未だ曾《かつ》て如何《いか》なる高等数学者の智慧をもってしても、完全に研究しつくし得たということはないのである。即《すなわ》ち物質をつくったものは、人間智慧によっては到底はかり知ることの出来ない程複雑な高等数学的叡智を備えたものであると言うことが出来るのである。

○

創造主《つくりぬし》は「無」から肺臓をつくり、心臓をこしらえ、眼を造り耳をつくり、胃をつくり腸をこしらえたのである。しかもこの創造主は、今も尚《なお》人々の内に宿って居給うのである。だから吾々は、たとい肺臓が空っぽになっても肺臓を新たに創造ることが出来、胃に孔《あな》があけば、胃を新たにこしらえることが出来るのである。それが出来ないというのは、人間が勝手に出来ないと深く潜在意識に信じているからである。出来ると信ずる者には何事も出来るのである。

○

とかげは尻尾が切れると、いくらでも新しい尻尾をこしらえる。人間も手足が切れたら新しく拵《こしら》えたらよい。だが、とかげが尻尾を拵えるのは、下等動物だから拵える事が出来るのだと言う人があるかもしれぬ。しかし、下等動物にすら出来ることが、高等動物にとって出来ない筈はないのである。まして、神様にとって出来ないことなど一つもない。

○

神様はつくる事（創造）がお好きである。神様は、「つくりぬし」であるからである。しかも神様はお金《かね》を取っておつくりになるのではない。ただ吾々が「信仰」という代価を払えば、自由になんでもつくって下さるのである。

○

人間は神の子であるから神と同じく創造せずにはいられないのである。大いに芸術を創造すべし、科学的発明もよし、開墾もよし、発明もよし、創造するところに喜びが湧き出るのである。

○

自己を神に対して無条件降伏せしめよ。それが絶対肝腎である。人間は真にもっと本当に無条件降伏すればもっともっと楽になるのである。まだ握っている。それだから苦しいのである。すべてを投げ出した時、対立者はなくなり、相手と一体となり、自由となるのである。

○

神に無条件降伏せよ。何事も可能となる。

○

如何に莫大なる借金でも、人間なら払えぬかも知れぬが、神なら払えるのである。神の番頭となれ。如何なる難事でも神と偕《とも》なるとき必ず成就するのである。

○

神様からいただいた生命《いのち》であるから、神様にかえすのがあたり前である。神様にささげるのが当り前である。吾々が信仰生活に入っていながら本当に良き果実を得ることが出来ないのは、神にかえしていないからである。畑でも最初の頃は肥料をあたえないでも、次々に作物を収穫することが出来るけれども、やがて糞尿や堆肥などをおかえししないと、終《しま》いにはその畑からは何もとれなくなるのである。畑から穫《と》れたら、又畑にかえすことが大切である。神様からいただいたら、神様におかえしすることが大切である。神様におかえしするとは、神様のために働くことであり、神様に感謝のいのりをささげることであり、凡《すべ》ての人々のために働くことであり、産み出して与えることである。

○

神は常に吾々のことを憶《おも》い給うのである。一時とても吾々のことを憶い給わぬことはないのである。しかるに、吾々は、果して一日のうち、何時間神のことを思うであろうか。吾々は神にはたしてどれだけの感謝をささげているであろうか？　毎日、神想観をはげんで神と直接対面せよ。

道場聴き書き

重態の子供が、親がその子を心から放つ気持ちになった時治る例がある。

○

愛するという事は縛ることであってはならない。本当の愛は「放つ」事である。自由に放った時はじめて凡《すべ》てのもののいのちが生かされてくる。

○

小鳥を愛するという場合、本当にそれを愛するならば、それを籠の中にとじこめて置くような事をせず、自由に飛翔させるべく放たねばならない。かくしてこそ初めて小鳥は小鳥としての使命を完《まっと》うする事が出来る。

○

子供を愛するという事は、子供を自分の型に嵌《は》め込んで教育する事であってはならない。多くの親達は、子供を自分の我執《がしゅう》で縛る事を「愛する」と思い違えている。かく「愛された」多くの子供達は病気にくるしむのである。子供を放て。自由に放たれた子供はすくすくと美しく育つ。

○

美人薄命という諺《ことわざ》がある。美人を多くの人が「あの人を欲しい」と我執で縛るからである。こんなのは真の愛ではない。煩悩に過ぎない。「いのちの自由を確保すること」、それが本当に「愛する」という事である。

○

生長の家は「……せねばならぬ」というような「執着」と「限定」を排斥する。

○

方角について―― 艮《うしとら》の方角が良いとか悪いとかと言うが、それは自分の立っている一点を基として考えるから方位が成り立つのである。しかし、自分を一ヵ所の立場に「限定」して考える事は誤っている。自分は此処《ここ》におり、又彼処にいるのである。

此処から東でも彼処からは西であったりする。方位方角を言うのなら、人間を基準とせず、神を基準とせよ。神は宇宙に遍満している。だから、方角は無数の基点を持つ事によって消滅するのである。

○

神は人間に自由を与え給うた。もし神が欲し給うたならば、人間が戦争や殺人強盗などの悪を犯さんとするとき、その手をしびれさせて悪を行なう事が出来ないようにする事が出来たであろう。しかも神が吾々《われわれ》に悪をもなしうる自由を与え給うたのは、何故であるか。それは「放つ」こと、「限定」しないことが神の本性であるからである。善の最高の基礎は「自由」であるからである。人間は自《みずか》らの道を自由に選びつつ永久に魂の進歩をとげるのである。

○

花を見て悟るべし。満開の花もあれば、半開の花もある。ふくらんでいる蕾《つぼみ》もあれば、固い蕾もある。しかし、どの花も、やがて美しく花咲く時が来る。どの花が何時咲くか、その早い遅いによって花の値打ちがきまるわけではない。総《すべ》ての花にはその花夫々《それぞれ》に、割り当てられた特殊の時節があるのである。

桜が桃の花を咲こうと祈ってはならぬ。樹木は亦《また》それぞれの使命がある。

○

形あるものは砕け去る。砕けざるものは、形なきもの、「無」である。最も強いものは「真空」である。「真空」は鉄を砕く事が出来る。しかし鉄は「真空」を砕く事は出来ない。

○

花王石鹸の副社長の故山崎高晴氏の憶《おも》い出。氏は少年時代に、これから世に出でんとするためには何かまだ誰も為《し》なかった事をしよう、今まで既に日本に於《お》いて広く行なわれているような仕事では駄目である。これから発展するしかも普遍的に広く発展する仕事でなければいけないというので、当時ようやく西洋料理の始まりかけた頃だったので、西洋料理店のコック見習いとなった。後に石鹸会社の重役となったのも、一般に要求されるものは益々発展するという少年時代の精神の実現であろう。同志社大学の学生時代に経済論文を書いて、先生から習った、物が多ければ多い程そのものの経済価格が下がり遂《つい》に価格が◯《ゼロ》になるという論旨の外に、更《さら》にそれから尚《なお》つづいて物が増えてくると、こんどはマイナスの価格が生ずるという事を論じたのであった。その論文が先生にみとめられて経済学部に転ずる事となり、将来実業界に進み行く契機を造ったのであった。

氏は一面非常に求道的な人であって、色々の宗教を遍歴して真理の体得を渇仰《かつごう》した。或《あ》る禅寺の和尚に教えを乞《こ》うた時、和尚は何も言わずに奥に引っ込んでしまい、茶坊主が出て来て氏にお茶を出すのである。お茶をのみ終ると、又代りのお茶をもってくる、それをのむと又次のお茶が出る……。お茶でお腹がだぶだぶになってしまった。――禅宗では悟りに導くのに一々ていねいにわかりやすい言葉で訓《おし》えてはくれない。皆この様に動作や棒喝《ぼうかつ》で教えるのである。和尚の意は、色々の人間的な智慧《ちえ》や作為《さくい》や高慢でみちみちている彼の心をさとしたものであろう。心の中に先入的な思いがあふれているときには、いくらよきことばをそそぎ込んでも無駄である。ただ外に流出してしまうにすぎない。心空《むな》しくなること、それが何よりも大切な求道の途《みち》である。

○

キリストは言い給うた。「まことに汝《なんじ》らに告ぐ、もし汝ら翻《ひるが》えりて幼児《おさなご》の如《ごと》くならずば、天国に入るを得じ」おさなごの心――それは「和」の心である。すなおな心である。与えられたものを素直にうける心、幼児が与えられた乳房から素直に乳を吸うが如き心である。その心になった時、その人にとって一番良いものが与えられ、一番すばらしい出来事が起って来るのである。「我《が》」の心で、これは良い事だと思って選《え》り好《ごの》みするとき、かえってその人にとっての最善なるものは与えられないのである。

○

色眼鏡を外しなさい。色眼鏡で物を見ては物の本当の姿を見る事は出来ない。生長の家は宗教を観《み》るのに色眼鏡を外した。そして凡《すべ》ての宗教の中に普遍なる「真理」を見出す事が出来たのである。

◯

真の実在は「霊覚」にも現れない。「霊覚を得たい」と思う心も「我」の心である。

◯

死に際《ぎわ》に七転八倒して苦しみもがく人がある。それはその人の魂が現世に対して強い執着をもっているためである。霊が肉体にしがみついていている心が形にあらわれたのである。

◯

肉体は念の影である。影というのは象徴という意味である。

肉の腐る様な病気、吹出物とか化膿性疾患は、肉慾《よく》のなやみの具象化したものである。心清浄なれば肉体浄し。

◯

お妾《めかけ》を持ちながら、それを否定している夫の言葉はウソに相違ないが、どうしましょうかとたずねた婦人に対する答え――

善いことはたとい嘘であってもそれを本当として受けるとき、その「嘘」と見えたものも「本当」として出て来るのである。

◯

上海で買って来た飛行帽を被《かぶ》って畑仕事をしていた時、訪問客があったので、飛行帽を傍《かたわ》らの木に掛けたまま帰宅した。それなりその帽子の事を忘れていたが、夜神想《しんそう》観《かん》の時ふと思い出し、早速さがしに行ったが見つからない。そこで「神は渾《すべ》ての渾てである。神は凡《すべ》てを知りたまう。その神の智慧は吾《わ》が内に宿り給う。それ故《ゆえ》、私は渾てを知る。飛行帽のありかもきっとわかる。きっと見つかる」と祈った。明日の朝になれば見つかるにちがいないと思ってその晩は寝た。翌朝になったがどうしたことか帽子は出て来ないのである。そこでもう一度祈った。「あれはきっと、誰かが、帽子があんな所にかかっていては夜露にぬれるといけないと思って、深切《しんせつ》にもどこかへしまって置いてくれたのである」と善意に解釈して、丁度其《そ》の当時畑の近くで仕事をしていた大工のところへ聞きにやらせた。ところが大工も知らないと言う。「もしカンナ屑《くず》の下にでも見つかったら、お届けしましょう」と言う。暫《しばら》くして大工が隣組長の所へ飛行帽を持参して来て、こう言うのである。「きっと風でも吹いて帽子が木から落ちたのでしょう」と。その晩は風なんか吹かなかった様に思うのだが……。

こうして、帽子は再び私のもとに帰って来たのである。他人が盗んだときめて、それを言葉に出してしまったら、それはもう帰って来なかったであろう。何事でも、言葉に出して「病気である」とか、「誰々が盗《と》った」とか、「私の夫は妾をこしらえている」とかとはっきり断言した時、それは動かし難い現実となって現れてくる。

○

ギリシアの神話に、人間はもと四手四足の完全な生きものであったが、ジュピターの神がそれを嫉妬して、真中から二つに分けてしまったので、一方は男となり他方は女となったという話がある。男と女は再び合体してはじめて完全なる姿となるのである。夫婦は本来ひとつの生命《いのち》であることを知らねばならない。

○

人間というものは愛すれば愛する程、その愛する者が自分の思うままにならないときそれを憎むのである。「愛」「憎《ぞう》」は同一物の「表」と「裏」である。

○

妻が夫を、夫が妻を、又親が子を、自分の好きな型に嵌《は》め込もうとするとき、相手は奴隷の様に束縛された自分を感じ、その束縛から逃げ出そうと反抗する。

○

中学生を養子に貰《もら》って大学を卒業させ、それを自分の娘にめあわせたが、会社のタイピストと好い仲になり、子まで出来た。本人は私の娘を離婚してタイピストを正妻にしようとしているがどうしたら好いか、という問に対して先生は言われる――

「中学時代から金をかけて学校まで卒業させてやったのに、、――という恩にきせがましい圧迫感が原因で、自分の自由を縛られる感じがするので、その養子はもっと自由な愛のいとなみをしたいからそれが動機でタイピストと一緒になったのです。縛ってつれて来ても面白くない顔をしていたら家庭に地獄が出現するばかりです。行く者は行かしめなさい。たらいに水を入れて、そのたらいを、自分の方にグッと抱き寄せて見よ。たらいの中の水は自分の方には来ずして、反対側にジャボンとこぼれ落ちてしまう。縛れば縛るほど離れるのです。それにその養子を再び自分の許《もと》に引き寄せようという考えは利己主義です。先方には子供まで出来ているのですから、その良人《おっと》を引き離せばその子供は『父なし子』になる。子供が出来たのは、その方に縁があるのだから放してしまいなさい。放てば一層よいものが集まって来る」

○

そのままが一番貴い、そのままにしておいたとき、すべては良くなるほかはない。人為は「偽」である。反動は反動の動くにまかせて置くとき、やがてもとの平静にかえるのである。そのままにするとは放つことだ。

○

胃酸過多の人に——物をためておく心、自分によくばって、ひとに渡さない心を捨てなさい。さらさらとした心となる事が大切である。こすい（狡い）心を持てば酸い液が出る。こすいとは貪《むさぼ》る心、利己心だ。

○

口のまわりにおできの出来ている人に――口ぎたない言葉を吐くな。やさしい言葉で物を言いなさい。

○

律法を守るという事は、かならずしも律法の条文通りを杓子《しゃくし》定規に守ることではない。律法の精神を生かす事が本当に律法を守る事である。生命《いのち》を生かすことが律法を守ることである。生命《いのち》の表現《あらわれ》である物を生かす事が律法を守ることである。キリストがそうだ。

○

愛されたいと思う事は悪い事でしょうかと問う人に――愛されたいと思う事は、かならずしも悪い事ではないが、本当に愛されるためには、先ず自分が相手を愛しなければならない。ありのままの自分を出した時その無邪気さが愛されるのである。

○

美しい態度をしたら愛されると、人工的に構える心を出してはならぬ。良寛和尚のように誰にでも愛される人は無邪気な「そのまま」を出した人だ。人の見ている前で肌からシラミを取り出して角力《すもう》させるほどの無邪気さが美しい。かまえる心でつくった人工的美は却《かえ》って人から愛されない。

○

『甘露の法雨』にある「心」とは、物質に対した心ではなく、物と心とを超越した「心」である。唯物論とか唯心論とかを超越した唯神実相論《ゆいしんじっそうろん》が、「生命の実相」の哲学である。

○

鶏の卵をこしらえたものは、その卵を生んだ鶏ではない。その鶏をこしらえた宇宙に遍満する大生命がほんとうの鶏の卵の製造者である。

○

「七つの灯台の点灯者」の神示の中に「われ嘗《かつ》て神の祭壇の前に供え物を献《ささ》ぐるとき、

先ず汝《なんじ》の兄弟と和せよと教えたのはこの意味である。汝らの兄弟のうち最も大なる者は汝らの父母である。神に感謝しても父母《ちちはは》に感謝し得ない者は神の心にかなわぬ」と示されてある。何故汝らの父母が汝らの兄弟であるのであるか。汝らは神の子である。そして汝らの父母も神の子である。それ故に、神に於いて汝と汝の父母とは兄弟となるのである。

○

感情はこれを形にあらわして表出するとき自然におさまってくるものである。例えば心の悲しみが具象化して肉体の痛みとなってあらわれた場合、大声をあげて泣く事によってその心の悲しみを表出し、同時に肉体のなやみを解消することが出来ることもある。思う存分泣くことによって歯痛が治った人もあるのである。

○

人に対してほどこした事に、むくいを求めてはならぬ。恩恵は与えっぱなしであることによってはじめて恩恵たりうる。その恩恵に対するむくいは恩恵を与えた当人からうけとるとは限らない。多くの場合むくいは他の方面からやってくる。大便を肛門から出したからと言って、大便の補充として食物を肛門からおし込もうとする者が居るか。食物は肛門からとらなくてもよい、口からとればよいのである。凡《すべ》てむくいを求めてなす行為は、どんなにそれが立派に見えようとも、それは商行為であって、本当の善行とは言えない。

○

物質はない、肉体はない。したがって病気もない。病いと見えるのはただ心がなやむ姿が形にあらわれただけである。ところがこのなやむ心も本当はないのである。それ故病いをつくる心もない。罪というものは本来ないものである。達磨大師の弟子の慧可《えか》禅師がある時「私の心は悩んで悩んで仕方ありません。どうかこの悩む心をお救い下さい」と言ったのに対し、達磨大師は「ではその悩む心をここへもって来なさい。心の悩みをとってやろう」と言った。悩む心などはどこをさがしてもないのである。心をもって来ようと思っても、もって来る事は出来ない。何故なら、心は本来ないからである。心は波である。波はあるように見えてはいるが、それをつかまえようと思ってもつかむ事は出来ない。波をたらいに入れてもって来いと言ってもそれは出来ない相談である。波は本来ないからである。

○

湯上がりの気持ち。これが本当の人間の心のありかたでなくてはならない。いきいきとした血潮が全身をかけめぐっている。その様に、人間の中に神のいのちがかけめぐっていなければ本当ではない。

○

凡《あら》ゆる美徳のうち最大の美徳は「たのしい」ということである。あかるくたのしい気持ちこれが一番大切である。あらゆる失敗の最大の原因は、この「たのしい気持ち」を抑圧し、明るい気持ちを灰色一色にぬりつぶしたからである。

○

たばこのけむりをはらいのけようとするのに、火のついたたばこをもってはらいのけようとしても、けむりはあとからあとからとわき出して来るにすぎない。それと同じく怒《いか》る心、なやむ心をもって、いかる心、なやむ心をおさえようと思っても駄目である。いからざる心、なやまざる心をもって来るよりほか仕方がない。それは火のついたたばこなど持たない手ではじめてけむりをはらいのけることが出来るのと同じである。

○

神のつくりたまうた人間に罪があるなどと考える事は、神を冒瀆《ぼうとく》するもはなはだしい。人間に誰一人悪い者とてはない。自分も何一つわるいところがないのが実相である。

○

ヘンリ・ビクタ・モルガンの本の中に、白髪になることを非常におそれた婦人が、「白髪が無くなる無くなる」と繰り返し繰り返し念じていたら、いつのまにかすっかり白髪になってしまったという話がかいてある。病気が治りたいと思って祈る人にも、この様な人が多い。それは病念をしっかりとつかまえて念ずるから治るどころか益々ひどくなるのである。

本当に病気が治りたかったら、ただ神の完全さのみを心に描けばよいのである。

○

人間は「神の子」であるとは、度々といて来たところである。この悟りですら理解し得ない人々がまだ沢山《たくさん》居る。けれども本当は、人間は「神の子」であるどころか、「神」そのものであるのである。「神」が今、ここに生きているのである。「神」がここに表《あら》現《わ》れているのである。凡《すべ》ては「神」である。

○

素直に敗《ま》けましたと手をついてあやまることは偉大な行為である。敗けまい敗けまいと力むことは一層みじめな敗北をもたらすにすぎない。自分が悪かったと気がついたときには、既に自分は過去の境地よりも、一段高い境地に出ているのである。

○

実相の「かげ」として出てくるものが、「おかげ」である。

○

神は偏頗《へんぱ》ではない。すべての人を一様に恵み給うているのである。神様はある人には恵みを与え給うが、他の人には恵みを与え給わないなどというような事は断じてなさらない。ある特定の人にだけ偏頗である神など何処《どこ》にもないのである。或《あ》る人に不幸があらわれ、或る人に幸福があらわれるのは、自分自身の心の反映である。

○

予言と暗示について。

或る人が病人に対して、「お前の病気は断じてなおる」と断言したとする。しかるに病人は次第に衰弱して死んでしまった。その場合、果して、その人は病人に対して嘘をついたと言って非難さるべきであろうか。彼の自信をもって断言したことばは、予言ではなく病気を治さんがための暗示であったのであって、決して彼は嘘をついたとも、予言が当らなかったと言っても非難さるべきではない。

同様に、ある人が「この競技は必ず勝つからしっかりやれ」と言ったとする。しかるにその競技は敗れた。その場合、彼が予言として言ったのならたしかに間違っていたのである。暗示として言ったのであれば、それは「競技に勝たせたい」ための手段(方便)であったと言えるのである。その暗示が奏効すると否とは、その暗示の反覆度数と、強さ、また、その反対暗示の度数及び強さに関係して定まる。

○

うらみを解け、全てはよくなる。

○

自分の権利を主張する事は間違った行為だとはいえない。しかしそのために他人の権利を侵害していないか、よくよく反省してみよ。

○

最近のアメリカの新しき基督教《キリスト》の神は「超越的内在神」である。それは現象を超えた実相としての神が、各人各人の心の中に同時に内在しているという様な汎神論《はんしんろん》的な神である。仏教で言う、「見性 成仏《けんしょうじょうぶつ》」或《あるい》は、「即身《そくしん》成仏」というのも同様の考え方である。

○

心に内在しないものを、吾々《われわれ》は見ることは出来ない。だから、黴菌共は吾々人間を決して吾々が人間を見る如《ごと》き姿には見ていないにちがいない。黴菌は、人間をトンネルの様に思っているかもしれない、鉱山の様に思って一所懸命鍬《くわ》をふるっているかもしれない。吾々が人間を人間として見るのは、吾々自身が人間であるからである。人間の心に内在しないものは、それを感知する事は出来ない。吾々が神を感知するのは吾々の心に神が在《いま》すが故である。

○

マーデンの本の中に、ニューヨークの一番繁昌している店に入ってみると、その店の中に「吾らは此処《ここ》にて吾《わ》が家の繁昌のみを語る」という標語がかいてあったと述べてある。もし吾々が本当に自分の運命を好転しようと思うなら、「吾らは此処にて自分の好運のみを常に語る」のでなくてはならない。いたずらに悲観的言辞《げんじ》を弄《ろう》するを止めよ。

○

天宇受売命《あめのうずめのみこと》がたすきに掛けた「あめのひかげ」とは、「実相世界の霊的文化《あめのひかげ》」と解すべきである。文化日本としての日本の使命が此処に約束されている。

○

凡《あら》ゆる歴史は創作である。それは決して事実ではない。絶対的真実などは、その様に簡単に記述されうるものではない。歴史は全て小説である。しかし小説の中には作者の魂がある。神話は勿論《もちろん》小説である。併《しか》し神話の中にはその作者たる各々《おのおの》の民族の魂があるのである。

○

何故日本民族はまんまるい日章旗を創作したか。何故日本民族は「大和《やまと》の国」なる名称を創作したか。それをよく反省して愛と平和の民族とならねばならぬ。

○

凡《あら》ゆるものにまさるものは、「愛」である。「愛」は全てを解決し、「愛」は全てを支配する。「愛」が最後の勝利者である。何故なら、「愛」は神であるからである。

○

医学生に対して——学校で先生の教えて下さる医学の講義を素直に修めること。深く深く医学に徹すること。凡ゆる現象的医学を究めること。而《しか》して後ロックフェラー研究所の外科医長故カレル博士の如く、全ての医学に徹しつつも尚《なお》未知なる「人間」を発見するのでなければならない。医学は一つの道具である。すぐれた道具によってすぐれた成果をあげる事が出来るのである。神に導かれつつこの道具を使って医術を行なう者となるのでなければならない。

○

神想観をして「私は腹がふくれるふくれる」といくら祈ったとて、ただそれだけで満腹感を感じて御飯をたべる必要がなくなることはない。観が行《ぎょう》に転回する所に力が出て来る。

○

中学二年になる弟が、学校へ行くことをいやがって、毎日うちの中でごろごろして古本ばかり読んでいて困るとうったえる人に——学校へ行かなくてよろし。学校へ行くことがかならずしもよいことであって、行かないことが悪いことだと限定してしまってはいけない。学校で習う以上の事を古本をよむ事によって習う人もある。一番大切なことは、弟はどんなことをしていてもかならず立派な人になるに相違ないのだと固く固く信じ切ることである。自分のせまい尺度で弟をさばかぬこと。弟を信じ、彼の実相をおがみ、好きな様にさせるとき、自から彼は最も神の御心にかなえる行動をなす様になるのである。

(こう言って導かれた結果彼の弟はよく勉強するようになったと言ってお礼を言われた)

○

「生長の家」は形にあらわれた何ものかではない、それは心の中にある何ものかである。心は、維摩経《ゆいまきょう》にある如く、肉体の「内にあらず、外にあらず、中間にあらず」である。実在の世界も同様に物質世界の「内にあらず、外にあらず、中間にあらず」である。キリストが「吾《わ》が国は此《こ》の世の国にあらず」と言い給うた如く、本当の天国浄土は物質の国土ではないのである。

○

此の世は素晴らしい世界である。

それは丁度《ちょうど》絵かきの描いた美しきカンバスの絵の様なものである。絵かきの心に育《はぐ》くまれた画想は「実相の世界」である。画想が絵かきの心に生れてはじめてカンバスの上に絵が生れてくる。絵は画想の投影である。そのいみに於いて絵はすべて貴い価値をもつ。しかしながら「心の絵」を「画面の絵」に完全に美しく表現するためには技術を要する。技術の修練が必要である。

○実人生に於いてもこれと同様である。実相を正しく生活に投影するためには修練が必要である。道元禅師の所謂《いわゆる》「証上の修」とはこのことである。修練とは潜在意識が無意識神経系統を自分の目的に使いこなすための「慣れ」である。有意識は無意識の協力を得て完全に行動することが出来る。

○他人の体験談はこれを単なる他人の話として聞いてはならない。自分の話として聞かなくてはならぬ。かくしてそれは「証上の修」となるのである。

○新年とは新たに生れる時である。時々刻々新年の気持ちで生活せねばならぬ。「今、天地の開ける音をきけ」と金光《こんこう》教祖は教えられた。必ずしも正月のみが新たなる誕生の時ではない。吾がいのちは今、時々刻々に新生する。

いまが、永遠である。永遠の今（Eternal Now）今が吾が生の肇《はじま》りであり、今が、自分の生活のはじまりである。今、すべてが始まるのである。

〇

正月にはお餅をつく。それはどういう意味であるかと言えば、先ず水を入れて、火で炊く。水は陰であり火は陽である。陰陽合一して、そこに凡《すべ》てのよきものが誕生するのである。

〇

しかしながら陰陽は右と左に截然《せつぜん》と分離しうるものではない。陰の中に陽があり、陽の中にも陰があり、かく重なり合いつつ無数の層をなして展開する。水が陰であり、火が陽であると言い得るけれど、水の中にも陽があり、火の中にも陰がある。水のやわらかく、一切のものを包容し、うるおし育《はぐ》くみそだてる働きは陽の働きである。火のはげしく、一切のものをやきほろぼし、やき尽くす働きは陰の働きである。水の冷たく、平《たい》らけく、凡《すべ》てをおさえ、凡てを静め消す働きは陰の働きであり、火のいきいきと燃え立ち、温く、凡てのものを生かし動かす働きは陽の働きである。この様に、陰と陽とは全てのものの中に重なり合いつつ内在し、しかもより一層大なる陰陽を無限に形成し、対立せしめつつ発展するのである。同様に、男は陽であり女は陰であると言うけれども、それは包括的に外面的に総称した場合の事であって、女の中にも陽があり男の中にも陰が含まれている。むしろ内面的に見た場合の、女の温さ、愛の深さ、やさしさは陽の働きであり、男の智慧の冷たさは陰の働きである。

天照大神《あまてらすおおみかみ》は女であり、而《しか》も太陽にたとえらるべき「陽」を示し、素盞鳴尊《すさのおのみこと》は男であり、月にたとえらるべき「陰」を示す。この様にして陰と陽とは、横に連《つら》なると同時に縦に幾重《いくえ》にも、重なりあうのである。陰のうちに陽があり、その陽のうちには又更《さら》に陰があり、その陰の内には更に陽があるのである……。

お餅をつけばかくして陰陽合一し、そこに一つの新しい全体が造り出される。もちごめのぶつぶつとした一つ一つの米粒《つぶ》はバラバラな個別ではなくして、望月《もちづき》のごとき円満な新しい一つの全体を形造るのである。全体が完全にとけ合ってまんまるいすべすべとしたお餅が出来上がる。そのお餅を大小二つこしらえて、それを上下に重ねるのである。それは新たなる陰陽合一を意味するものである。

○

お餅が出来上がると更にお雑煮をこしらえる。雑煮に入れる餅は円い餅が縁起にかなう。一つの完成した円い餅が、更に色々な他の餅や、其《そ》の他の食物と一つにとけ合って新たにより一層大きな統一をこしらえ上げるのである。全てのものがもちによって一つに統一されそしてその雑煮が人間のお腹の中に入れられる——人間の心の中にその「統一」がのみこまれて人間が円満完全な調和した心になる象徴である。

○

正月には松を立てる。松とは何であるかと言えば、それはときわ木であって、永遠に栄える木、即《すなわ》ちサカキ（榊）である。コトバの力で今年一年の栄えを象徴するために立てるのである。神前に立てるサカキは、永遠に栄える木「生命の樹」を象徴している。

○

門前に門松《かどまつ》を立て、神に榊をそなえるのは、実は自分の心の中にサカキ（栄える木）を立てることである。榊は所謂《いわゆる》「神様」にささげるものではなくして、かえって「自分自身」に捧げるものなのである。それ故、榊をそなえる場合には美しい生き生きとした緑の葉をみんな自分の方に向けて供える。「神様」の方には裏のきたない方が向いている。されば「神様」は自分以外の建物の中に在《い》ますのではなくして、自分自身の心の中に存在するのであることを知らねばならぬ。

○

元旦の神前にはおみきを供える。おみきはサケ（酒）である。サケ（Sake）は、やはりサカエ（Sakae）を表わすことばである。サカキを立ててサケをのむのは「サカエ」るものを観《み》る事であり、それは「サカエ」るものを創造《つく》り出すことである。新たなるいのちの創造である。サケ（酒）はサカエ（栄え）であるから陽である。ものをいきいきともえ立たせる働きである。それに対して水は陰である。こんな話がある。

或《あ》る時上戸《じょうご》と下戸《げこ》とが酒三升と水三升とをどちらが先に呑《の》み尽くすかという競争をした。はじめのうちは下戸は水をぐいぐいと早く呑んだが、上戸は酒をチビリチビリとのむだけだったので、下戸の方がその競争に勝つのではないかと思われた。ところがお終《しま》いになると下戸はもう水がどうしても飲めなくなった。体内に一定量以上の水は吸収しないからである。ところが上戸はいくらでも酒をのむ、時々小便に立って行っては、又飲むのである。そしてとうとう上戸がこの競争に勝ってしまった。それは何故であるかというと、酒はサカエであって、消化吸収されて一つなる働きをもっているからである。陽性であるからである。

○

いしめなわ（注連）の縁起は次の通りである。いしめなわは天照大神《あまてらすおおみかみ》が天の岩戸からお出ましになった時、二度と再びお入りにならない様に張りめぐらしたものであると古事記に書いてある。それはどういう意味かと言うと「再び退転しない」という意味である。再びもとの暗い生活には帰らないという誓いをあらわす。いしめなわを張りめぐらす所はどこかのかど口の様な所だと思っていたら大間違いで、実は、自分の心の中に張りめぐらすのである。心の中で、「二度と再び過去のあやまちには退転しない」と固く決心することなのである。

○

毎朝、御主人に向かって挨拶をなさるのに「お目出度《めでと》うございます」と言っていた人がいる。その奥さんにとっては、毎日毎日が、「新年」であった、「元旦」であった。

○

凡《すべ》てのものを「神」として本当に拝む事の出来る時、その人は、自分自ら「神」となるのである。何故なら、此処《ここ》に「神」があるということがわかるのは、自分の心に「神」があるからである。人は誰でも凡てのものに「神」を認め、「神」を拝む時、その人は既に自ら「神」となっているのである。同様に「あいつは鬼だ」と言う人は、自分自身で「鬼」となっているのであることを反省すべきである。

○

観《み》よ、——さらば現れる。
神想観をして実相を観よ、——さらば実相が現れる。
観《かん》を変えよ、——さらば世界が変る。

○

裸体の女をアトリエに立たせて眺めるとき、若《も》し猥雑《わいざつ》な感じを受けるならば、それは「肉」が露出せる故である。裸体の女の名画を見ても猥雑な感じを受けないのは、「肉」が画かれずして、「いのち」が描かれているからである。

○

人間は、各々一個の創造者《つくりぬし》である。そして人間は各々自分の創造《つく》った世界の中に住む。

○

正宗《まさむね》の名刀も、磨かねば錆《さ》びる。

○

心癒《い》えずして病治《なお》れる者は不幸なるかな。

○

「一人《いちにん》出家して、九族天に生る」というのは、環境は心の影であるからである。

○

自分を拝め。自分が先ず光るのである、さすれば他人も又光るであろう。

○

仏心とは大慈悲心なり（観無量寿経《かんむりょうじゅきょう》）。

神は愛である。

○

「お前は何の為に此《こ》の世に生れたのか」

「私は他人《ひと》を喜ばすために生れて来たのである」

○

肺病を研究すれば肺病となり、胃癌を研究すれば胃癌となり、失敗を研究すれば失敗をひきおこす様になる。

○

唯物論者は、「神は人間の造ったものだ。それ故、神など存在しない」と言う。しかし、吾々は、「神は人間の造ったものだ。それ故、人間は神だ」と言う。何故かといえば、人間は自分の内に無いものを造り出す事は出来ないからである。人間が神を造ったのは、人間の内に神があったからである。人間の内に神が宿るという事は、神が人間をつくったと言う事でもある。

○

神は創造《つく》る働きである。
人間は神である。
故に人間は創造《つく》らねばならぬ。

○

創造《つく》る働きは貴くそして無限に楽しいものである。

○

悲しい心が起れば、悲しい顔をつくり、悲しい顔は悲しい環境をつくり、悲しい環境は悲しい心をつくり、悲しい心は、悲しい環境をつくり……この因果は永久に循環する。この因果の環《わ》をたち切る方法は、悲しい心が起っても、悲しい顔をせず、笑う事である。無理にでも笑え。いつも笑え。食事の時にも笑え。常に大いに笑うべし。

○

サツマイモの様に夏の間だけしか寿命のない植物は、見るまにぐんぐん大きくのびるが樫《かし》の木の様に永い年月栄える植物は中々早くは大きくのびないものである。人間に於いても其《そ》の通りである。

○

「家相」は必ずしも家の物質的構造そのものを指して言うのではない。物質的な間取りよりもっと大切なことは、家の中に漂っている雰囲気である。明るい雰囲気、暗い雰囲気、病気になる雰囲気など以前に住んでいた人の雰囲気は永くその家に滞《とどこお》っていて、新たに住み込んで来た人々の運命を左右することもありうるものである。しかし、家相は決して固定したものではない。その家に新たに住む人の心境如何《いかん》により、家相は良くもなれば悪くもなる。新しい住人が新しい雰囲気を作るからである。家相は生きて動くものであることを知らねばならぬ。

○

手相でも人相でも同じく生きて動くのであって、決して固定したものではなく、その人の心の持ち様で如何《いか》にでも変化するものである。それ故、過去に起きた出来事をどんなに正確に言いあてる人相見でも予言者でも、未来の出来事はいつも、正確に言い当てるというわけには行かない。未来はこれから自分の心で創《つく》り出すものであるからである。又どの様にすぐれた予言者でも、自分の未来を正確に見通すことは出来ない。自分とは関係のうすい他人の未来ほどそれを予言しやすく、又その予言は的中しやすいものである。又たとい自分の未来を予言し得たとしても、それによって自分の未来を改良して好運を招くという訳にはゆかない。何故なら、例えば不幸を予知してそれをさけうるという事その事自体が予言が的中しないことを意味するからである。石龍子という有名な人相見がある時自分の顔を鏡に映して見たら、自分の近親者の死相がありありとあらわれていた。大いに驚いて故郷に飛んで帰り、親類縁者をたずね廻ったが誰も異状がない。不思議に思いながら家に帰って来てみると自分の妻が瀕死の大病を患っていたということである。

○

「未来」は畑であり、「心」は種子である。如何なる種子を畑に播《ま》くか。播かれる種子により畑に出来る作物は千差万別である。

○

病気になりたい意志が病気を作る。

ことに婦人に於いては、愛されたい、いたわられたいという心が変化して、病気を起している事が多い。自由学園の沢崎梅子さんは医者である良人《おっと》の存命中は毎月胃《い》痙攣《けいれん》になやまされたけれども、良人が死ぬと同時に次の月からもう胃痙攣は起らなくなったということである。

○

「悪魔は主の御使いである」と聖フランシスは言う。悪魔と見えるものも、本当は神のあらわれである。世の中に悪は存在しないのである。

○

盗難にあうのは自分に「盗む心」があるからである。「盗む心」というのは、何も「物」を盗む心に限ったことではない。「生命《いのち》」を盗む心もある。神から与えられた「生命《いのち》」を完全に出し切っていないということである。

○

私は盗難にあって「生命《いのち》」を出し切っていない事に気付き、「生長の家」を始めた。盗難によって無一物となったが、更に一層住み心地のよい大きな家へ引っ越した。光明思想とは如何なる所にも常に「光」を、見出して行く思想である。

○

易占《えき》とか予言とかいうものはそれを行なう人の心が占いを行なう瞬間に天地の理と合一しているか否かによって判断の成否が定まるのである。易者《えきしゃ》の心が鏡の如《ごと》くすみ渡っていて、易を立ててもらう人の全部の雰囲気を正しく反映し、天地陰陽の理に即応するときは、当然正しい判断が、得られる筈《はず》である。易者の心がくもりなき、明《めい》鏡《きょう》となるとき、相手の雰囲気は類は類を呼ぶという心の法則に従って易者の心の鏡の上に正しく投影されるからである。過去、現在、及び簡単な近き将来のことはかくして正しく言い当てる事が出来る。けれども、遠き未来、或《あるい》は複雑なる未来の出来事は正しく予言することは出来ない。何故なら、未来は今現に吾々の心がこしらえつつあるものであり又これから拵《こし》らえんとするものであるからである。若《も》し未来の予言が全て的中したと言う者があるならば、それはその人が予言者の暗示の中に捲《ま》き込まれたのであって、それを予言が全て的中したと言うことは出来ない。

〇

低級な霊魂の出鱈目《でたらめ》な霊告、嘘つきの予言者、いいかげんな易者などの存在も又必要である。何故なら、若し全ての予言者が全く正しいことのみを予言するならば、全ての人間はかかる予言者の正しい予告のみを頼りにし、その結果人間に与えられた「自主性」が失われることになるからである。人間の人間たる所以《ゆえん》は「自主性」にある。

最も大なる悪は「自主性」を失う事である。

○

ひとの言いなり放題になり「自主性」を失った時、その人のみじめな失敗は始まるのである。

○

「我れ生くる」とは、神が此処《ここ》に生きることである。宇宙が今此処に生きていることである。我れは宇宙である。

○

「物質はない」ということは、一切のものは「物質でない」ということを言いかえたのである。

○

物質は霊妙なる叡智をそなえたエネルギーの仮りの現《すがた》である。

叡智をそなえたエネルギーとは神であり、生命《いのち》である。

○

物質の不可入性は絶対的なものではない。不可入性を思うものにとってのみ不可入性をあらわす。

吾々《われわれ》が剃刀《かみそり》で鬚《ひげ》を剃《そ》る事が出来るのは何故であるか。鬚という細長い連続体が切れるからだと思うのは誤りである。鬚の分子間の親和力が、剃刀の鋭利な刃先により防《ぼう》礙《がい》され、分子と分子とがはなれるからである。

切れるというのは、はじめから離れているから切れるのであって、離れていないものは如何にしても切ることは出来ない。切るということは、物質の不可入性をやぶることである。切る物の分子が切られるものの分子の間に入るからである。

○

吾々の世界は、「吾々の奥にある吾々」の表現した世界である。
心の法則を知るということは、この表現の方法を知ることである。

○

下手なシナリオ・ライターが下手な脚本を書けば、良い映画は作れない。シナリオ・ライターは「吾々の奥にある吾々」であり、映画は「吾々の世界」であり、「心の法則」は「シナリオ技法」である。

○

貧しき者と富める者との運命は次の心の法則によって定まる。

「奪う者は奪われ、与う者は与えられる」

○

「天国は労働人《はたらきびと》を葡萄園《ぶどうのその》に雇うために、朝早く出でたる主人《あるじ》のごとし。一日一デナリの約束をなして、労働人《はたらきびと》どもを葡萄園に遣《つかわ》す。また九時ごろ出でて市場に空しく立つ者どもを見て『なんじらも葡萄園に往《ゆ》け、相当のものを与えん』といえば、彼らも往く。

十二時頃と三時頃とに復《また》いでて前の如くす。五時頃また出でしに、なお立つ者等《など》のあるを見ていう『何ゆえ終日《ひねもす》ここに空しく立つか』かれら言う『たれも我らを雇わぬ故なり』主人《あるじ》いう、『なんじらも葡萄園に往け』夕《ゆうべ》になりて葡萄園の主人その家司《いえつかさ》に言う『労働人を呼びて後の者より始め先の者にまで賃銀をはらえ』斯《かく》て五時ごろに雇われしもの来《きた》りて、おのおの一デナリを受く。先の者きたりて、多く受くるならんと思いしに、之《これ》も亦《また》おのおの一デナリを受く。受けしとき家主《いえあるじ》にむかい呟《つぶや》きて言う、『この後の者どもは僅《わずか》に一時間はたらきたるに、汝《なんじ》は一日の労と暑さとを忍びたる我らと均《ひと》しく之を遇《あしら》えり』主人《あるじ》こたえて其《そ》の人に言う『友よ、我なんじに不正をなさず、汝は我と一デナリの約束をせしにあらずや。己が物を取りて往け、この後の者に汝とひとしく与うるは、我が意《こころ》なり。わが物を我が意のままに為《す》るは可《よ》からずや、我よきが故に汝の目あしきか』斯のごとく後なる者は先に、先なる者は後になるべし」（マタイ伝第二〇章）

　天国とはかくの如きものである。天国は自力の我《が》で得られるものではない。小善をほこる者は後になるべし。

「善人なおもて往生をとぐ、いわんや悪人をや」と親鸞聖人は言った。

「二人のもの祈らんとて宮にのぼる。一人はパリサイ人《びと》ひとりは取税人《みつぎとり》なり。パリサイ人たちて心の中に斯《か》く祈る『神よ、我はほかの人の、強奪《うばい》・不義・姦淫《かんいん》するが如き者ならず、又この取税人の如くならぬを感謝す。我は一週《ひとまわり》のうちに二度《ふたたび》断食し、凡《すべ》て得るものの十分の一を献ぐ』然《しか》るに取税人は遥《はるか》に立ちて、目を天に向くる事だにせず、胸を打ちて言う『神よ、罪人なる我を憫《あわれ》みたまえ』われ汝らに告ぐ、この人は、かの人よりも義とせられて、己《おの》が家に下り往けり。おおよそ己《おのれ》を高うする者は卑《ひく》うせられ、己を卑うする者は高うせらるるなり」（ルカ伝第一八章）

○

此《こ》の眼それを見ることあたわず、
此の耳それを聞くことあたわず。
それのみが実在する。それは実相である。

吾々はただ、心に完全なるものを画くことにより実相の世界と心の波長を合わせ、かくして現象界に実相世界の影を映すことが出来るのみである。

○

「予言」とは、言葉で創造《つく》ることである。

○

今、極楽に往けずして、死んでから極楽に往ける筈《はず》はない。永遠の今、すでに極楽に往っているのである。

○

飢えずして飢えたりと思い、かくして人々は自分の心で貧しくなる。

○

「我また新しき天と新しき地とを見たり、これ前《さき》の天と前の地とは過ぎ去り、海も亦《また》なきなり。我また聖なる都、新しきエルサレムの夫《おっと》のために飾りたる新婦《はなよめ》のごとく準備《そなえ》して、神の許《もと》をいで、天より降《くだ》るを見たり。また大《おおい》なる声の御座《みくら》より出ずるを聞けり。曰《いわ》く『視《み》よ、神の幕屋《まくや》、人と偕《とも》にあり、神、人と偕《とも》に住み、人、神の民となり、神みずから人と偕《とも》に在《いま》して、かれらの目の涙をことごとく拭い去り給わん。今よりのち死もなく、悲歎《かなしみ》も、号叫《さけび》も、苦痛《くるしみ》もなかるべし。前《さき》のもの既に過ぎ去りたればなり』」（黙示録第二一章）

実相世界は、既に、今、此処に、在る。

○

聖書の中には善いことも書いてあるが真理でないことも書いてある。ただ安心して読めるのはキリストの言葉だけである。

○

何故神は人間に善をもなし悪をもなしうる自由を与え給うたかという質問に答えて――神に於いては「何故」ということはない。「何故」というのは条件づけることである。神は自由そのものである。それ故神はただそうしたのである。自由なる神の自己顕現が人間の自由となってあらわれたのである。

○

実相界に於いても個性はあるかという問いに答えて――実相に於いても各人の個性ははっきりと完全に存在する。そしてその個性は決して他のものによっては置きかえる事の出来ない様な各個人特有の美しいものである。けれども注意しなくてはならない事は、現象界に於ける個性というものは屢々《しばしば》不純分をふくんでおり、迷いの心の波の集積である「業《ごう》」の姿を以《も》って「個性」であると考えられやすいという事である。実相に於ける「個性」はこの様な不純分の完全に洗い流された純粋なる「個性」である。

○

運命は偏《かたよ》る傾向をもつ（類は類を呼ぶ）。その傾向を破る方法は唯《ただ》一つ。現象にとらわれることなく、実相のよきことを念ずる事である。

○

因果は人間が勝手に積み重ねた精神的エネルギーである。それ故人間の心によって自由に破ることが出来るものである。

○

焼夷弾《しょういだん》は自分の心の中にある。外から落ちてきて自分の持ち物を焼くのではなく、自分の心の中の焼く心、焼きたい心が焼くのである。

○

素直になること。素直になることによって自分の掴《つか》んでいる業《ごう》が消え、あるべきものがあるべき様にあらわれるのである。本当の意味の自由は我《が》を通すことではない。我は業《ごう》であり偏見である。これを放つとき、何ものにも縛られない世界が開ける。そのままのすなおなる世界である。素直なることによってはじめて本当の自由を得るのである。これが真の民主主義である。

○

天変地変に対する予言や臆説《おくせつ》が最近盛んに流布されている時に果してその様なことが起るのでしょうかという質問に対して――天変地変が起るか起らないかという事は問題ではない。それよりも、天変地変が起っても起らなくても、傷つくことのない常に生き通しの世界に住む事が肝要なのである。マルコ伝の十三章に「其《そ》の時、その患難《なやみ》ののち、日は暗く月は光を発《はな》たず。星は空より隕《お》ち、天にある万象、震《ふる》い動かん。其のとき人々、人の子の大《おお》いなる能力《ちから》と栄光とをもて雲に乗り来《きた》るを見ん。その時かれは使者《つかい》たちを遣《つか》わして、地の極《はて》より天の極《はて》まで、四方より、其の選民をあつめん」「無花果《いちじく》の樹より譬《たとえ》を学べ、その枝すでに柔かくなりて葉芽《めぐ》めば、夏の近きを知る。斯《かく》のごとく此等《これら》のことの起るを見ば人の子すでに近づきて門辺《かどべ》にいたるを知れ」とある様に、いちじくの葉が芽《めぐ》めば、夏の近きを知るのである。しかしいかなる艱難《なやみ》の時に於いても「穎悟者《さときもの》は空の光輝《かがやき》のごとくに輝かん」（ダニエル書）。吾々は水に溺《おぼ》れず、火に焼けない実相の世界に住むのである。真理にかなう者は、とこしえに生き、真理にかなわざる迷いの自我は崩れさるのである。

○

実相界に於ける個は、有相《うそう》にして無相《むそう》、姿あって姿なし。事々無礙《じじむげ》である。

○

自己犠牲について——愛のために利己を捨てる意味ならよろしい。受難を喜ぶ意味なら悪い。凡《およ》そ人間の不幸は受難を歓迎する潜在意識から来るのである。（新選谷口雅春選集第二巻『人間性の解剖』参照）

〇

外部の権威に従う事について——ある意味に於いてはよい事もある。例えば習字をならうのにはじめは手本通りに書くことが良いのである。完成された芸術の型を学ぶことは、それによって先人が深く自己を鍛えた律《りつ》に従うことであって、それを形の上から行なうことによって、自分を先人の境地に近づけることが出来る。しかし型の修養は更に次の飛躍をとげるための段階として必要なのであって、そこにはじめて進歩がみられる。科学に於ける業績も、みな一人一人が第一歩からふみ出したのではなく、先人の業蹟に学び、そして更にそれを超え、それにつけ加えたのである。

〇

型に従う場合、否定するにしても、肯定するにしても、一応は型を知るために型を学ばねばならない。

〇

神の子（即《すなわ》ち人間）は人格的存在である。それ故、神の親（即ち大生命）も人格的存在でなければならぬ。人格でないものから人格が出て来る筈《はず》はない。大生命は人格である。

〇

ニイルは愛は感情でないと言っているそうであるが、私に言わすれば愛は明らかに感情である。しかし本当の愛は単に、感情とか理性とか智慧とかと分けられないところの神そのもののあらわれである。感情として抽象されたものは、もはや存在しない。智情意は元来一体であるからである。ニイルの言わんとする真意は、感情的な愛は執愛であって、それは本当の愛でないということであるのだろう。叡智に導かれた愛のみが真の愛である。

〇

ニイルが「子供がよいことをしてもほめるが、悪いことをしてもほめよ」と言ったということは、子供のした悪事をほめるというのではない。為《し》た事の如何《いかん》に拘《かかわ》らずその子供の実相をほめるのである。悪いことをしたらほめるというのと、悪いことをしても、ほめるというのとは異なる。悪いことを過《あやま》ってしても、其《そ》の子の実相は善であるからその子の実相を賞《ほ》めるのである。

○

愛は本来自他一体の自覚より出たるものである。

○

仏教に於いては今迄は多くの場合、仏とは凡夫が修業してさとりを開き仏となったのだ、或《あるい》は凡夫が仏にすくわれるのであると説いて来て、キリスト教で言う様な創造神をみとめていなかった様に思われている。しかし乍《なが》ら、大無量寿経《だいむりょうじゅきょう》には、「かの仏如来（阿弥陀如来）は来《きた》って来るところなく、去って去るところなく、生《しょう》なく滅なく、過現未来にあらず」とかいてある。維摩経《ゆいまきょう》に於いても文殊菩薩《もんじゅ》は「不来にして来る」

と言っているのである。かくの如く、ほとけは一面からいえば、法蔵《ほうぞう》菩薩が修業して成ったものであるが、他方に於いて、それは来《きた》って来るところなく、去って去るところなし、永遠不壊《ふえ》不滅の宇宙の本体「真如《しんにょ》」からそのまま出て来たところのものが仏如来であると言うのである。現象からみれば衆生が進化してさとりを開いたように見えるが、実相に於いて仏は宇宙の本体なのである。だからそれは「生なく滅なく、過現未来にあらず」と書かれている。永遠の昔からの本仏が今あらわれていると言うのである。宇宙の大実在が生れることなくして生れたものが仏である。一方、キリスト教で言うところの創造主《つくりぬし》とは、宇宙の本源であり、それは土をもって万物をつくりかためて息を吹き込んだエホバの様な神ではなく、ロゴス（真如）をもって万物をつくり給うて甚《はなは》だ好しと称せられた、エロヒムの神であるのである。かくの如くにして、根本真理に於いては、衆生なく凡夫なく、すべてが神であり、すべてが仏であるところの大実在の世界が実相であることがわかるのである。生長の家では、釈迦《しゃか》もキリストも、ただ一つなる「大生命」が種々の時と場所とに応現《おうげん》して真理を説きつたえられたものと見るので、吾らに於いては仏教とキリスト教との対立はないのである。

○

頭脳の意識が幾らさとったように見えても本物ではない。

時間空間を超えた実相が実相の本来完全さを自覚するのである。阿難《あなん》は釈迦の説法を殆《ほとん》どすべて聴いて覚えていたが、尚さとったのではなかった。教えを聞信《もんしん》するのは意識的自己が自己の本来完全さを知ることなのではない。以心伝心、実相が実相に伝えるのである。脳髄を通して知るのではなく、いのちがいのちにつたえるのである。これが絶対認識の絶対自覚である。結局、あたまで認識するとしないということは問題ではないのであって、認識するしないに拘《かかわ》らず既に成仏して居るのが人間であり、救われているのである。はじめから人間は悟っているのである。はじめから人間は救われているのである。

○

赤ん坊に難しい本を見せてもわからない。赤ん坊が大きくなるのをまたねばならぬ。

それと同じく、精神的赤ん坊とも言うべき人々には実相の世界をいくら物語っても彼らはそれを理解する事が出来ないのである。しかし実相の世界がわからぬからといって、彼らが悪いというのではない。それは丁度《ちょうど》、赤ん坊が本がよめないからといって悪いというわけではないのと同様である。ただ、彼らは、あまりにも幼《おさな》いのだ。

○

涅槃経《ねはんぎょう》は釈迦が入滅する最期にといたお経であるとされている。そのお経には、今まで釈迦のといてきた教えとは反対のことが説かれてあるのであって、此《こ》の世の中は無常でなくて「常」、苦でなくて「楽」、無我ならずして「我」、穢土《えど》ならずして「浄土」であると教えているのである。即ち釈迦は此の世はこのまま「常楽我浄《じょうらくがじょう》」の天国であると悟ったのであった。

○

心に観ずるとは、自分自らがそのものとなることである。観じてそれを認識するとき、観ぜられたものは、既にその人の心の中に存在する。それ故、仏を心に描き、名号《みょうごう》をとなえるとき、吾々は自分自身が仏となる事が出来るのである。此処《ここ》に宗教の救いがある。

○

業《ごう》からのがれ出るには、業の力を利用してのがれ出るのである。

○

奚仲造車《けいちゅうぞうしゃ》の喩《たと》えというのが無門関《むもんかん》にある。「むかし黄帝《こうてい》の時代に奚仲という者が車を発明して一百輻《ぷく》を造ったということであるが、両方の車輪をちぎり、軸を取り去って何かを調べていた。一体奚仲は何を調べていたのだろう」というのが月庵《げつあん》和尚の公案であった。この公案は、車という物質の造られる以前からすでに存在する「車の理念」ともいうべき無形のものこそ、真の実在であり、真の車であるのであって、車輪や軸が勝手に組み合わさって車が出来ているのではない、という事を悟らせるものである。車輪や軸を組み合わせて「車」をこしらえるものは、その「車」をこしらえる人の心の中に既にある「車の原型」「車の理念」であるのである。

○

かかる「車の理念」というようなものは、「車の経験」というものがあって初めて出て来るものではないか。「車」というものを人が体験していなかったならば「車」の理念は生れようがないではないか。しからば先ずはじめに「車の体験」があってはじめて「車の理念」が生ずるのではなかろうか。即ち外界が先で内界は後ではなかったか、という質問に答えて――この奚仲造車の喩えはあくまでも譬喩《ひゆ》である。譬喩は真理を完全に表現するわけには行かない。昔キリストは天国をぶどうの園に喩えたが、天国はぶどうの園とは大変な相異がある。ヨハネ伝に「太初《はじめ》に言《ことば》あり、言《ことば》は神と偕《とも》にあり、言《ことば》は神なりき」とある様に、吾々《われわれ》の生命《いのち》、吾々の心は物質の作用として出てきたものではない。外的な存在によって思いが生ずるのではない。車の例などをあげるから「車の理念」は吾々の「車の体験」によって生じたのではあるまいかとの疑問が生ずるのであるが、しからば吾々の脳髄は何によって出来たか。脳髄は「脳髄の体験」によって「脳髄の理念」が生じたのであろうか。吾々は果して「脳髄の体験」

などというものを有《も》っているであろうか。左様《さよう》な体験はない。吾々の脳髄はただ、「脳髄の理念」によってのみ形づくられたものである、「理念」が第一である。「理念」は経験以前の経験である。否、経験そのものですら、外部にあるのではなくて、かえって吾々の内部に潜むのである。すべての経験は吾《わ》が内より出で来るのである。すべてのものの本源は、はじめより知れるもの、即ち神である。

○

吾々は経験によって物事を知り、それによってはじめて何事でも行なうというのであれば吾々がこの世の中に生きていて体験し学びうる事は限られているのであるから一生の間にはどうせ大した仕事は出来ない。けれども、経験以前の智慧《ちえ》に導かれて仕事を行なうとき、はじめて吾々は偉大なる仕事を行なうことが出来るのである。人々がすばらしい着想を思いつくのはすべてこの経験以前の智慧による。無限の可能性の中から最も有効なものを引きあてるのは経験以前の智慧である。この智慧と如何《いか》にして接触するかを知らしめることが人類を最も早く進歩せしめ、最もすみやかに幸福ならしめる最良の方法である。

神の無限の叡智と接触する方法は常に「我れ神の子也《なり》」と念ずることである。

○

あまり完全な家相はかえって悪い。

満月は翌日から欠けはじめる。

水清ければ魚《うお》住まず。

どこかぬけたとこがあるのでよいのである。

○

霊が肉体に宿れば、その霊はその肉体に制約される。肉体は有限であり、その肉体に於いてその霊魂の体験すべき修業は限られるのである。それ故、その霊はしばらくたてば肉体を立ち去って、新しい進歩の体験を求めに行くのである。

○

徐々に死ねば霊魂は多くの肉体の雰囲気（業因《ごういん》）を負うて立ち去り、急激に死ねば少しの肉体の雰囲気しか持ち去らない。どちらが良く、どちらが悪いという事はなく、ただその人々にとって一番適した道を選ぶまでである。

○

高い霊界とか低い霊界とか言うが、その場合に言う高低は、空間的な場所の「高い」「低い」を指すのではない。丁度《ちょうど》音が高いとか低いとか言う場合、それは空間的な位置の高下ではなく、振動数の大小によって定まる高低である様に、霊魂の高下も、霊界の高低も霊のもつ振動数（凡《すべ》てのものは波である）の大小によってきまる。高い心境の霊の振動数は大きく、低い心境の霊の振動数は小さい。多くの霊の世界は、同一空間にありながらいくつもの高い霊界と低い霊界とに分《わか》たれているのである。

○

ひとが霊姿《れいし》を見るのは、誰にでも、何時にでも出来ることではない。ただある瞬間に、時間空間を超えた或《あ》る「場所」に霊が現れた時、その時間空間を超えた或る「場所」に焦点の合っていた人の意識のピントグラスに、その瞬間霊の姿がパッと映るのである。

○

仏教で言う三界とは、慾界《よくかい》（執着の世界）、色界《しきかい》（色身《しきしん》という身体をもった或る程度の悟りを開いた天人の界）、無色界《むしきかい》（色身なき天人界）であり、これ等《ら》はいずれも現象界である。これらの界は重なり合って存在しながら、別の世界であり、波長の長短（振動数の大小）によって分れているのである。それ故「往《ゆ》かずして生れ、去らずして去る」のである。

○

観無量寿経に次の様なことが書いてある。阿闍世王《あじゃせおう》が父を飢え殺そうとしたが、母が自分の身体に蜜と澱粉《でんぷん》とを塗り父王の所に忍んで行っては父にたべさせていたのを知り、母を監禁する。母は歎《なげ》いて、釈迦の説法を聞きたいと思うと、その思いによって、釈迦は二人の弟子を伴って神通力を起し母の所に行って説法する。母が釈迦と心の波長を合わせたとき、即ち母は釈迦の説法をきくことが出来るのである。釈迦は言う。「どのような世界にでも、観《み》れば行ける」と。又母は次の様に訊《たず》ねる、「お釈迦様の神通力により極楽世界を見せて戴《いただ》きましたが、お釈迦様がおなくなりになった後では、どの様にして極楽へ行き、極楽を見せて戴く事が出来るのでしょうか」釈迦は答えて言う。「観《かん》ずればよい。常に観ぜよ」と。そして極楽浄土の光景を心に描いて観ずる法をおときになる。（『生命の實相』第三十二巻宗教戯曲篇下「月愛三昧《げつあいざんまい》」参照）

観ずるとは「心の波長を合わす」ことである。かくして、凡《あら》ゆる所に極楽世界があらわれる。「極楽世界は此処《ここ》を去ること遠からず」である。

○

極楽は西方《さいほう》十万億土の彼方《かなた》にあるのではないが、その様に遠く現実を離れた所にあると観ずることは、「現象を離れる」点に於いて助けとなる。

○

霊界へ行った子供（幼くして死んだ子）は霊界へ行ってから年をとるかという質問に答えて――霊界に於ける年（時）の観念と、現世に於ける年（時）の観念とは異なる。霊界に於ける年をそのまま此《こ》の世の年に飜訳《ほんやく》する事は出来ない。しかし死んだ子供の霊姿《れいし》を見たり幽霊にあらわれたりするときには、大体死んだ時のままの姿になって顕《あら》われる。さもないと、此の世の人には同一人であるとわからないからである。

○

「惑病同体《わくびょうどうたい》」という言葉が仏教にある。迷いと病いとは同じものだというのである。心の迷いが病いとなってあらわれる。

○

「いのち」は霊妙なる律《りつ》である。

○

人間は生き通しであるから、肉体は今日死んでも百年後に死んでも、大してかわりはない。それよりも今の生き方に悔いのないことが大切である。

悔いのない生活とは、一瞬一瞬に永遠を生きるということである。

○

血液は赤いという。しかし血液は赤くも何ともない。それは太陽光線の下で見るから、太陽光線を反射して赤く見えるのであって、血管の中を流れている血液そのものは赤くも何ともない。すべて相対的に「斯《か》く見える」ことを「ものそのもの」の姿と誤ってはならぬ。

○

本当の存在は識《し》る事は出来ない。ある条件で或る姿に見えるというにすぎない。

○

生長の家は、肉体を健康にする所ではない。物質は無く、肉体は無い。無いものが健康になるわけはない。勿論《もちろん》無いものが病気になるわけもないのである。

○

昔から多くの者が永久運動を起す原動機を発明しようと試みたがすべて失敗に帰した。何故なら摩擦抵抗を零にすることが出来なかったからである。抵抗のあるところには減衰運動が起るのみである。もし物体が永久に運動をつづけるためには必ずどこかからエネルギーを補給しなければならない。

ところが電子は原子核の周りを永久に運動し、地球は太陽の周りを永久に運動しつづけている。どこからエネルギーが補給されているのであるか。即《すなわ》ち、物質は生きているのである。

○

ラジウム原子が分裂してγ《ガンマー》線を放出し、ラジウムエマナチオンとなる契機は自発的であり自由である。その電子を放出させるものはラジウム原子に宿る内部エネルギーである。ラジウム原子は生きているのである。

○

水は生きている。生きているから、これを飲む事によって生物は生命《いのち》を完《まっと》うする。その
ブラウン運動（分子の永久運動）は水の分子が常に動いている事を証拠立てる。その動く力が我々には圧力と感じられる。

○

物質は、ある意味では智慧をそなえている。例えば、水素二原子と酸素一原子とは白金《はっきん》の触媒《しょくばい》によって化合して水となる。その場合、触媒の白金は何らの物質的変化もうけないのであるけれども、しかしそれがなくては水は出来ない。それ故、白金の触媒によって水素と酸素が化合する場合には水素原子と酸素原子とが白金を認識、、、、したと言えるのである。即ち物質は知性をそなえているのである。

かくの如くにして、古典物理学の定義する、「物質は知性なく、一定の空間容積を占めるものである」とする概念は、「物質は知性をもち、一定の空間容積を占めざるもの」と変更されなくてはならない。(物質が一定の空間容積を占めない事は、物質の原子と原子との空間が非常に遠くはなれていて、その間に自由に他のものが介入したり或《あるい》は距離を圧縮されたりしうる事実によって明らかである）それ故、物質は決して吾々の普通考えている様な物に非《あら》ずして自由に変化しうる生命のあらわれである。物質は言わば「概念の産物」である。心がエネルギーをかくの如き姿にあらわしたのである。即ち、心が凡《すべ》てを支配する。心によって描かれた通りが現象界にあらわれるのである。

○

肉体の細胞は日に日に新生する。老人の肉体の細胞でも細胞そのものは新しいのである。如何に古い細胞でも二十年より古いものは滅多にない。それだのに何故、新しい細胞がより合って老いた肉体を形造るのであろうか。それは結局、心が老いているから老いた心が古い肉体を設計するのである。丁度、昨日印刷した新しいポスターでも、その上に老人の姿を画いてあれば、年老いた老人がそこにあらわれて見えるのと同様である。ポスターそのものは新しい。ただ表現されたものが、老いているのである。即ち表現する者の心が老人を画くのである。

○

画描《えか》きがカンバスに画を描く様に、心は空間に物質の姿を描く。空間にあらわれた物質の姿は、認識の一形式にすぎない。夢に見る世界も亦《また》、現実の世界とは認識の形式を異にするのである。

○
凡《すべ》てのものの奥に、本当のものそのものの真の姿がある。それが実相である。

○
肉体を拝んで使うようにしなければならぬ。しかし使い惜しみをする必要もない。富も境遇も、其《そ》の他の如何《いか》なるものに於《お》いても同様である。総《すべ》ては霊のあらわれであるからである。

○
法華経に、「吾《われ》は未だ生れぬ前からあるものである」ということが書いてある。「生れる」という事は、ある条件で現れる事である。「或る条件に於いて生れる」事である。即ちそれは相対的存在である。相対的存在はその条件が消えた時に消滅する。換言すれば「死ぬる」のである。吾々は不死を求める。死なない為には、「生れない」事が必要である。生れない前から生きつづけているものこそ、吾が生命《いのち》である。キリストが「アブラハムの生れいでぬ前《さき》より我は在《あ》るなり」と、言い給うたのは、この自覚である。生れぬものには生老病死の四苦は存在しない。それをしることが「悟り」であり、釈迦の「成仏」である。

○

「生命《いのち》」は「世界」である。ここに言う世界とは、その人の住んでいる「心の世界」である。主観的に見る時「生命《いのち》」となって自覚せられ、客観的に見る時「世界」となってあらわれる。

○

永遠なるものはくだけないものである。
本当にあるものはくだけない。
不完全なものはくだけるが、
完全なものはくだけない。
それ故、本当にあるものは完全である。
即《すなわ》ち、実在は完全である。

○

完全は無限であり、有限なものは完全でない。人間が完全であるためには、人間は無限でなければならない。有限なるものには、形があるが、無限なるものには形がない。人間に於いても、形なきものが本当の完全なる人間である。生命には形がない。生命は無限である。

各々《おのおの》一人一人が無限である。無限が無限に重なっている。そしてそれは、一つの無限である。一つの無限によって凡《すべ》ての人が生かされているのである。その無限が神である。神に於いて人間は凡てにつながる。凡てが神に於いて一体である。人間は個であるとともに全である。汝は我《われ》であり、我《われ》は汝である。私が神想観《しんそうかん》するのは皆さんが神想観するのである。我が中《うち》に全衆生、全世界、全生命が生きているのである。

○

自分が悪念を起せば全世界がみだれ、自分が善意を起せば全世界がよくなる。

あの人が私に敵意をもっているのは、私があの人に敵意をもっているからである。

○　或《あ》る人を本当に愛するとは、その人を本当に自由ならしめることである。放ったときに人も物も本当の位置に返って来る。縁があれば彼は貴女《あなた》のところに帰ってくるであろう。

○　お客様を真に歓待するためにはどうすればよいかと言うと、お客様をほっとくことである。大事なお客様だというので、つききりに接待したり注意されたりすると客は窮屈で仕方がない。一室に自由に解放されて、用事のあるときだけ用事をしてもらうのが、お客にとっての最もよい歓待である。常に何事かが起りはしないかと見詰めていると、念で縛る事になるから窮屈に感じられる。

○　百貨店が個人の店より繁昌しやすいのは、店員があまり客をみつめないからである。

人間は神の世嗣《よつぎ》であるから、いくら幸福になっても幸福になりすぎるという事はない。しかるに多くの人々は、自分で自分を限定して、自分で自分を不幸ならしめているのである。幸福になるのに遠慮してはならない。しかし増長してはならぬ。感謝が必要である。

○

或る人の息子が病気になった。永い病気であるから息子の嫁が良人《おっと》においしいものをたべさせたいと思って、料理を習いはじめた。そして、大変おいしく料理が出来るようになった。姑さんは、「これも息子の病気のおかげですよ。有り難いと思っています」とおっしゃるのである。この姑さんの言葉は、一寸《ちょっと》考えると進んだ心境の人の言葉の様に思えるが、これはいつの間にか受難礼讃《じゅなんらいさん》に陥っている。一方に不幸があるので、ありがたい結果があらわれると考えるのは不幸をもって幸福に必要な前提とする間違った信仰である。

○

「病気になっても有難いと病気に感謝しなさい」と説く場合もある。これは紙一枚の差で生長の家とはことなる信仰になるおそれがある。しかしこの紙一枚の差が天地霄壌《しょうじょう》の差を生ずる。一方は真理であり、他方は非真理である。古来の多くの聖者ですらこの点に於いて誤ったことが多かった。病気になったらこれで業《ごう》が消えるのだ、ありがたい、これで罪をつぐなうことが出来る、この不幸もありがたい、この様にして病気や不幸に感謝する人々は、まことに敬虔《けいけん》な心境の様であるが、それ故に、不幸を礼讃《らいさん》する気になり不幸を自造している人がある。不幸礼讃は生長の家の信仰ではない。そんなに病気や不幸がありがたかったら、病気になればよい、不幸になればよいのである。吾々の信仰では、病気はないのだ。罪はない、不幸はない、業《ごう》はない。ただあるものは、円満完全なる実相の人間・神の子だけである。その実相の完全なることが有り難いのである。

○

「悪」は本来ないのであるからそのまま認めずにほったらかして置いたとき、自然に実相ほんものの善があらわれるのである。

婦人のための説話

神様の造り給うた人間はそのまま完全円満である。それを不完全だと考え、何か人間的な我《が》の力で矯正《きょうせい》しなければ完全になれないと思い、良人《おっと》を、妻を、子供を矯《た》め直そうとすると、かえって相手はその反動で反対の方向に歪んでしまい、なかなかありのままの完全な姿を現さないものである。

○

因縁は無い。「無」が凡《すべ》てである。「無」とは一切がなくして一切があることである。「無」に於《お》いては「無」それ自身も無いのである。これが今の自分の真の姿である。幸福になろうと思えば幸福になれるし、不幸になろうと思えば不幸にもなれるのである。

○

神様の創造《つく》り給うた良人が、妻が、子供が、不完全であるという考えは、最も神を侮辱《ぶじょく》する考え方である。それは「神は不完全なり」と言うに等しい。それは神を信ぜざる者の言葉である。

○

相手を縛る時、相手は決してありの儘《まま》の完全な姿を現すものではない。人を縛ってはならない。良人を、妻を、子供を、本当に愛するならば、良人を、妻を、子供を、完全に自由にヽ放たヽねばならないのである。

○

愛する者を放つ時、最愛のものは自分のふところに帰ってくる。愛する者を縛る時、最愛の者は自分から離れ去ってしまう。

○

若《も》しあなたが、真に子供を愛しているならば、子供が遊びたいというときには思う存分遊ばせなさい。子供が勉強したいというときには思う存分勉強させなさい。死にたいと言うときには死なせてあげなさい。それが本当に子供を生かし、愛する道である。

○

生長の家は「人間解放の宗教」である。真に解放されたとき人間は必ずよくなるのです。

○

グレン・クラーク氏の本に「牝鹿《めじか》の脚」という象徴物語がある。詳しくは私の本『善と福との実現』に紹介してあるが、その意味は牝鹿は山野を歩むとき、前足の通った跡をそのまま後足で踏んで行く。それだから決して後あしで岩角をふみ外して崖から転落するような事はないのである。牝鹿は自分の努力によって、後足で前足の歩いた跡を踏もうとつとめているのではない、ただそのまま歩いているのである。即《すなわ》ち神の意志がそのまま現れているのである。人間に喩《たと》えれば、牝鹿の前足は現在意識である。

牝鹿の後足は潜在意識である。現在意識の欲する通りのことを潜在意識が「善し」として、そのまま随《したが》って行くようになった時、いかなる事でも成就せないものはない。神は牝鹿にさえもそのままに正しい歩き方を教え給うたのである。まして人間がそのままに神の導きに従うとき無限に幸福な生活が出来ないという筈《はず》はないのである。幼《おさ》な児《ご》は大人よりも寧《むし》ろ素直に神の導きに随っているのである。

○

幸福には制限がない。幸福はどれ程ありすぎても困ることはない。自分を限るな。自分がいくら幸福になっても、それによって他人の幸福が減るなどということはない。幸福は無限である。それどころか、かえって、自分が本当に幸福になってこそ、他人も又幸福になれるのである。類は類を呼ぶ。自分がいくら富んだとて他人にめいわくはかけぬ。かえって自分が富めば富む程、他人も富むのである。多く実る林檎《りんご》の樹は自分が多く実れば実るほど人類を幸福にするのである。

○

神田の神保町には沢山の古本屋が群《むらが》っているが、そこでは、古本屋が多すぎて互いに競争をし、顧客のうばい合いをして困っているかというと、決してそうではない。古本屋が沢山一ヵ所にかたまっていれば居るほど全ての古本屋がもうかるのである。何故なら、人々は、神田へ行けば古本が沢山あるというので、方々からそこへ出かけて行って古本を競って買うからである。一軒の古本屋が繁昌すればするほどその近くにお客があつまり、隣り近所の古本屋も大いに繁昌するのである。一家の主人が幸福になれば、家族の者凡《すべ》てが幸福になるのである。主人が幸福になることを遠慮せねば、他の家族が幸福になり得ないなどと考える主人が居るだろうか。幸福は神か、、、ら来る。いくら自分が幸福になっても幸福になりすぎる事はない。幸福は無限であるからである。

○

「幸福」は如何《いか》にしたら得られるか。

それはただ我々が「楽しく」「愉快」に暮らせば得られるのである。喜びの感情から創造活動が生れて来る。悲しみの感情からは自己破壊や他人破壊が生れて来る。

○

凡《すべ》ての「善」の中で最も大切な第一の「善」は「楽しくある」ことである。旧来の道徳や倫理や宗教は、カチカチにこりかたまった戒律を設けて、それに従う事が「善」であるかの如《ごと》く教えた。しかしもはやその様な道徳は滅び去ったのだ。「楽しくある」ことが「最善」であり、最高の道徳であるのである。田辺元氏は「善と福とは二律背《にりつはい》反《はん》である。善は幸福なることによっては堕落するばかりである」と言っているが、それは誤りである。「善」とは「幸福」そのものであって、決して両者は二律背反ではない。青ざめたるインテリが青ざめたる杓子定規《しゃくしじょうぎ》の善を善であると考えて来たところに、何の善があるのであるか。「善」とはその様にかたくるしいものではない、コチコチに苦しんでしかつめらしくして獲《か》ち得られるものではない。善とは明るい楽しい幸福のことである。

○

その人がたとい何一つ具体的な仕事をしていないとしても、ただその人が楽しく愉快にその日その日を暮らしたというその事だけで、その人は「善」をなしたのである。それは何物にも代え難き「善」である。彼の幸福は彼の周囲に幸福を呼び、彼の善は彼の周囲に善を呼ぶのである。彼の愉快の念波は宇宙のどこかに今も浮遊していて、それに触れる何人かを愉快にしているのである。

○

本当の人間は、おろかなるところ一つもなく、知らざるもの一つもない者である。人間は神の智慧《ちえ》のかたまりである。ただその叡智が脳髄を通ってくるときにその智慧は曇らされる。恰《あたか》もラジオに雑音が入り、再生音が真実の声より劣っている如くである。もし脳髄を通ってさえも本当の神の叡智がそのまま流れ出るのであれば、かかる脳髄智は脳髄そのものを造る事が出来る筈《はず》である。それが出来ないかぎり人間は脳髄智にたよる事を止《や》めて脳髄をすら造るところの神の智慧に頼らねば嘘である。諸君よ、脳髄智を捨て去るのだ。即ち、「我《が》」を捨て、「性癖《せいへき》」（考え方の癖、ゆがみ）を捨てるのだ。そこから神智が輝くのである。

天地陰陽の道

唯一の神の生命が「天」となり「地」となり「陽」となり「陰」となってあらわれた。本来不二の神の顕現であるから、その本質の尊さは平等である。かくて天も尊く地も尊い。然《しか》もその位相《いそう》から言えば天は高く地は低いのである。天は陽であり男であり、地は陰であり女である。天は地を覆《おお》いて愛を行《ぎょう》じ、地は天の気を受けてその愛をはぐくみ育てる。共にその本質は神の生命なれど、その働きは各々《おのおの》相異なる。原子に於《お》いても陽電気の原子核は中心にあり陰電子がその周囲を廻る。宇宙に於いても太陽が中心でその周囲を地球などの遊星が廻るのである。大は太陽系より小は原子に至るまで宇宙の真理はみなかくの如きものである。家庭に於いても陰陽の位相とその働きに相異があることは同様である。

男性は凸であり、女性は凹である。女性は凹の字の示す如く、中が空虚であることが尊いのである。からっぽ即《すなわ》ち無我でなければならぬ。受けた種子を其《そ》のまま育てるのが地徳である。

男性は直線美であり、女性は曲線美である。男性は剛徳であり、女性は柔徳である。女性は「弓」であり、男性は「矢」である。「弓」は柔徳により、曲線美をなして撓《たわ》むことによって「矢」をうち出すことができる。かくて、うち出された「矢」(男性)は、勇敢に目的に向かって直進する。「弓」が「矢」の如《ごと》く堅く直線的で曲らなくてはその効用を発揮できないし、「矢」が「弓」の如く撓んでも役に立たない。「弓」は弓らしく柔かく曲線に撓み、「矢」は矢らしく直線的に剛徳を発揮すべきである。弓矢本来「一」の具である。二に非《あら》ず。夫婦本来「一」にして二に非ず。

○

男性は縫針《ぬいばり》の如く、女性は縫糸《ぬいいと》の如くである。縫針は直線的であり堅剛《けんごう》にして前進するが、縫糸は後方にありこれに附随《ふずい》して柔かくしなやかである。糸は針について行く事が尊いので、糸が針と平行して進もうとしたり糸が針の先に出ようとしては役目を果す事が出来ない、糸は針のあとについてさえ行けば、それで立派な着物を縫い上げる事が出来るのである。

○

形の上より言えば男性は柱であり、女性は凹形の土台石である。大厦高楼《たいかこうろう》が美しく聳《そび》え立っている縁の下には、土台石が黙々として柱を支えているのである。内にあって黙々として家庭を支えるもの、これ女性の力。女性の力また尊いかな。女性は自己の尊さを捨ててはならない。

○

社会に立って華々しく活躍するのと、ひとりの人間を黙って静かに拝んでくらすのといずれが勝り、いずれが劣るという事はないのである。

○

柔よく剛を制すといい、「曲なれば全《まった》し」という諺《ことわざ》がある。蒸気は「柔」であり、機関車は「剛」である。柔なる蒸気の力によって、剛なる機関車はキリキリ舞いして走り廻される。また男性もかくの如きか。想え、蒸気が柔を失い、氷となりたる時を。機関車は破壊するほかはない。

○

女性が強くなるには、ただ柔かく、美しく、美にすぐれ、芸術にすぐれ、柔徳にすぐればよい。拳闘家の妻が良人《おっと》以上に強くなろうとして拳《こぶし》を固めて良人を張り倒したとて女性として名誉のことではない。未だ嘗《かつ》て、女性に拳闘の大家《たいか》あるをきかず、女性に角力《すもう》の横綱ありしをきかず。女性は美しく、やさしく、円《まろ》やかに、素直に、芸術にすぐれば、柔よく剛を制することが出来るのである。

○

女性は良人に対して空《むな》しくならなければならない。男性が神に対して空しくならねばならないように。神に対して空しくなれば神は彼の願いを尚《なお》一層完全に実現し給うように、妻が良人に対して空しくなれば、良人は求めずとも彼女の欲する事を自発的にしてやろうとするものである。

○

神は人間を裸で生み給うた。人間は獣の様に毛皮で覆《おお》われて居ず、鳥の様に羽毛を持っていない。人間が裸で生れたという事は、人間は一定の姿をもたなかったという事であって、人間は自分自身の好む衣裳を身に着ける事が出来るのである。それは神が人間を神の像《すがた》にかたどり給うた万徳の一つの表現《あらわれ》である。「無」からはじめて「凡《すべ》て」が生ずるのである。人間も亦《また》「無」にして「凡て」である。一切は自分の内にあるのである。

○

「神の前に空《むな》しくなる」とは、自分が空しくなるから神の智慧《ちえ》と愛と生命とが自分の中に流れ入るのである。また自分を放棄して神様の中に自分が飛び込むとも言い得る。かくしてはじめて自分が神の子であり神を実現する「神の宮」であることが出来るのである。

○

男性の尊厳は女性を虐待するところにあるのではない。女性を本当に拝むところにある。

○

凡てのものを神として拝める人は、自分が神であるのである。神のみ神を拝めるのだ。妻を神として拝める良人は神であり、良人を神として拝める妻は神である。

○

人間神の子の自覚とは、「今までの自分が悪かった」と懺悔《ざんげ》する気持ちである。良人にあやまり切ったとき妻の病気が治った実例も、妻にあやまり切ったとき良人の病気が治った実例もある。

○

あやまり切るということは今までの生活の立場が間違っていたことを自覚して、もう一段高い立場に上がることである。今住んでいる所がきたないとわかるのは、自分が一段ときれいな澄んだ所へ来たからである。懺悔が病いを治すのはきれいに澄んだ神性が現れるからである。

沢庵《たくあん》和尚は虎の檻《おり》の中に入って虎に手をなめさせたが、傷つけられなかった。それは沢庵が相手を傷つける心をもっていなかったからである。相手に和解していたからである。

虎とさえも心で和解出来るものを夫婦が和解出来ないことはあるまい。

○

天地の気、調和せるとき気候適順、地味肥え、畑の作物はよく出来るのである。家庭は畑の如く、子供は一つ一つの作物に相当する。良い作物を作るためにはよい畑にしなければならない。立派な個人をつくるには、良い雰囲気の家庭を作らなければならない。よき畑は夫婦陰陽の調和によって成り立つのである。

新版　叡智の断片（完）

新版《しんぱん》 叡智《えいち》の断片《だんぺん》

昭和24年2月1日　初版発行
昭和58年1月1日　改訂初版発行
平成18年4月25日　新版初版第1刷発行
令和6年8月15日　新版初版第11刷発行

〈検印省略〉

著者　谷《たに》口《ぐち》雅《まさ》春《はる》
発行者　西尾慎也
発行所　株式会社 日本教文社
〒107-8674 東京都港区赤坂9-6-44
電話 03(3401)9111(代表)
FAX 03(3401)9139(営業)
頒布所　一般財団法人 世界聖典普及協会
〒107-8691 東京都港区赤坂9-6-33
電話 03(3403)1501(代表)
振替　00110-7-120549

by Masaharu Taniguchi
Ⓒ Seicho-No-Ie, 1949
Printed in Japan

カバー装画　鯰江光二
印刷・港北メディアサービス株式会社
製本・牧製本印刷株式会社

落丁本・乱丁本はお取り替え致します。
定価はカバーに表示してあります。

ISBN978-4-531-05251-6

日本教文社刊

谷口雅春著	¥1676	
新版 光明法語〈道の巻〉		生長の家の光明思想に基づいて明るく豊かな生活を実現するための道を1月1日から12月31日までの法語として格調高くうたい上げた名著の読みやすい新版。
谷口雅春著	¥1870	
新版 幸福生活論		神をわがものとして、人生万般にわたる幸福を実現するための道を説くと共に、躁鬱病、肉食、予言、愛、芸術等のテーマを採り上げて幸福生活の指針を示す。
谷口雅春著	¥1782	
新版 善と福との実現		聖書、仏典、米国の光明思想家等の言葉を繙きながら、我々が善と同時に福を実現するための根本原理と実践法とを詳説した名著。「牝鹿の脚」の話ほか。
谷口雅春著	¥1870	
新版 生活と人間の再建		生活を、物質的な価値観の上に築かず、人間を「神の子」と観る人間観の上において、新たに出発させるとき、平和で幸福な生活が実現することを説いた名著。
谷口雅春著	¥2200	
新版 幸福を招く365章		恐怖を克服し、病いを癒し、人間関係を円滑にし、良き仕事を得る秘訣とは？　人生のあらゆる問題を解決する智慧の言葉に満ちた、一日一章の幸福生活ガイド。
谷口雅春著	¥2000	
神と偕に生きる真理365章		今の一瞬を悔いなく生き、艱難にすら感謝できたとき、心は悦びに満ち、希望は成就し、肉体は健康になる…　魂を向上させる、叡智あふれる言葉の宝石箱。
谷口雅春著	¥2200	
新版 栄える生活365章		一日一章形式で、栄える原理を説き明かした不朽の名著。著者の提唱する生活法を実生活に活用すれば、必ず具体的な効果があらわれ、無限の繁栄が約束される。
谷口雅春著	¥1375	
新版 詳説 神想観		宇宙大生命と直結する卓越した観法が神想観である。祈りと生活を合致させる最善の方法を初心者にもわかりやすく詳述する名篇。神想観のやり方…他。

各定価（10％税込）は令和6年8月1日現在のものです。品切れの際は御容赦下さい。
小社ホームページ http://www.kyobunsha.co.jp/ では、新刊書・既刊書などの様々な情報がご覧いただけます。

日本教文社刊

谷口清超著　¥1257
生長の家の信仰について
あなたに幸福をもたらす生長の家の教えの基本を、「唯神実相」「唯心所現」「万教帰一」「自然法爾」の四つをキーワードに、やさしく説いた生長の家入門書。

谷口清超著　¥1265
一番大切なもの
宗教的見地から、人類がこれからも地球とともに繁栄し続けるための物の見方、人生観、世界観を提示。地球環境保全のために、今やるべきことが見えてくる。

谷口清超著　¥1650
智慧と愛のメッセージ
本書は、78の掌篇を全5章に編成し、限りない悦びと幸せをもたらす真理を平明に説き明かし、真の価値ある人生とは何かを染々と語りかけるエッセイ集である。

谷口清超著　¥1257
愛と希望のメッセージ
心に希望の火を点し、勇気とエネルギーを与える言葉の数々。豊かで明るい夢実現へのキーワードが随所に溢れ、愛と希望に満ちた75の珠玉のメッセージ。

谷口清超著　¥1175
何をどう信ずるか
人は何を信じいかに生きるかによってその運命を左右する。正しい神観と正しい人間観をしっかりと身につけて揺るぎない幸福人生、信仰人生を送るための必読書！

谷口清超著　¥880
神想観はすばらしい
実践する人に数多くの体験をもたらしている生長の家独特の瞑想法——その神想観のすばらしさと行い方を簡単にわかりやすく解説する入門書。<イラスト多数>

谷口清超著
正法眼蔵を読む
上巻　¥4400
中巻　¥4296
下巻　¥4950
新草の巻・拾遺　¥3056
生長の家総裁法燈継承記念出版。道元禅師不朽の名著『正法眼蔵』の真義を、実相哲学の立場より明快に説き明かし、仏教の神髄に迫った著者畢生の書。

監修＝宗教法人「生長の家」　¥2619
真・善・美を生きて
—故 谷口清超先生追悼グラフ
平成20年、89歳で昇天された前生長の家総裁・谷口清超先生。その業績と生涯を、多くの未発表写真と主要な著作からの文章で構成するオールカラーの追悼グラフ。　[編集・発行＝日本教文社]

各定価（10％税込）は令和6年8月1日現在のものです。品切れの際は御容赦下さい。
小社ホームページ http://www.kyobunsha.co.jp/ では、新刊書・既刊書などの様々な情報がご覧いただけます。

お客様アンケート　　日本教文社のホームページ

谷口雅宣著　¥1300

二百字日記 1

日々の出来事や世界で起きているさまざまな事象、事件から感じ、考えたことを軽やかに綴った日記。著者の視点をきっかけに、さまざまなテーマについて考える契機になる好著。［生長の家刊　日本教文社発売］

谷口雅宣編著・谷口雅春著　¥900

人類同胞大調和六章経

ウクライナ危機に世界が揺れる今、「人類皆同胞」の祈りを深める、生長の家の世界平和に関する祈り6篇と「世界平和の祈り」（新バージョン）を収録した手帳型の経本。［生長の家刊　日本教文社発売］

谷口雅宣著　¥900

万物調和六章経

人間が自然を破壊せずに欲望を適切に統御する生き方を実践するために、神の世界の万物調和を観ずる祈り6篇を収録した手帳型の経本。万物調和の自覚を深めるために。［生長の家刊　日本教文社発売］

谷口雅宣監修　¥1400

“新しい文明”を築こう

上巻 基礎篇「運動の基礎」

生長の家の運動の歴史を概観する文章とともに、生長の家の運動の基礎となる信条、指針、シンボル、方針、祈り、運動の基本的な考え方などを収録した、生長の家会員必携の書。［生長の家刊　日本教文社発売］

谷口雅宣監修　¥1400

“新しい文明”を築こう

中巻 実践篇「運動の具体的展開」

人類が直面する地球環境問題などから、現在の文明の限界を指摘し、自然と人間が調和した“新しい文明”を構築する具体的方法を提示。併せて生長の家の祭式・儀礼の方法を収録。［生長の家刊　日本教文社発売］

谷口雅宣著　¥509

凡庸の唄

他より先へ行くことよりも大切なこと、他と競うよりも別の楽しみはいくらでもある──。心を開き、周囲の豊かな世界を味わい楽しむ「凡庸」の視点をもった生き方を称えた感動の長編詩。［日本教文社刊］

谷口純子著　¥1100

夢の地平線

「若い世代にとって人生の道しるべとなる本」をコンセプトに17篇のエッセーを収録。自然と調和した明るい生き方を実践することで、未来に希望をもって生きられることをやさしく伝えています。［生長の家刊　日本教文社発売］

株式会社 日本教文社 〒107-8674　東京都港区赤坂9-6-44 電話 03-3401-9111（代表）
日本教文社のホームページ　http://www.kyobunsha.co.jp/
宗教法人「生長の家」〒150-8672　東京都渋谷区神宮前1-23-30 電話 03-3401-0131（代表）
生長の家のホームページ　http://www.jp.seicho-no-ie.org/
各定価（10％税込）は令和6年8月1日現在のものです。品切れの際は御容赦下さい。